怖い凡人

片田珠美

JN138174

ワニブックス
PLUS 新書

はじめに

企業、官公庁、学校などの組織を見渡すと、「なんでこんな平凡な人が？」と驚くような人物がトップを務めていることがある。しかも、そういうトップに限って、「ワンマン」で、自分の言うことを聞かない部下を排除する。

図抜けた能力があるわけでも、血のにじむような努力をしたわけでも、人望があるわけでもない凡人がトップにのし上がるのは、たいてい上司に無批判に服従してきたからである。いわば上司にとって都合のいい部下だったからこそ、引き上げてもらえたわけだが、こういうケースは枚挙にいとまがない。

そこで、本書では、上司や権力者などの〝上の人〟に無批判に服従する凡人を取り上げる。この手の凡人が怖いのは、自己保身しか考えていないので、そのためなら手段を選ばす、何でもすることだ。だから、こういう凡人がのし上がる過程で、本当に優秀な人物が排除されることも少なくない。

しかも、自分が自己保身のためにやっていることがどのような影響を及ぼすのか、想像できない。おまけに、〝上の人〟に無批判に服従するだけなので、自分の頭で考えることもできない。

その典型と考えられるのが、ナチス親衛隊（ＳＳ）の中佐で、ユダヤ人を強制収容所や絶滅収容所に移送し、管理する部門で実務を取り仕切っていたアドルフ・アイヒマンだ。アイヒマンは、ヒトラーの意向を「法」とみなして、それに無批判に服従した。その結果、ユダヤ人虐殺という悪に手を染めたわけである。

アイヒマン的凡人は、どこにでもいる。とくに日本には多いように見える。これは、第４章で述べるようにアイヒマンを育む土壌があるからで、誰でもアイヒマンになりうる。ときには、ヒトラーのような支配者を支える存在になり、結果的に悪をなすこともあるだろう。

その意味では、日本には怖い凡人が多いといえる。そこで、本書では怖い凡人の正体をあばき、そういう凡人から身を守るための処方箋を提案したい。

まず、第1章では、凡人が悪をなす際に認められる3つの要因、思考停止、想像力の欠如、自己保身について解説する。次に、第2章では、アイヒマン的凡人のかたわらに必ずいるヒトラー的支配者とはどんな人なのか、具体例を挙げながら説明する。

続く第3章では、あまりパッとしなかったアイヒマン的凡人がヒトラー的支配者になれた理由を、第4章では、アイヒマンを育む土壌を分析する。

さらに、第5章では、アイヒマン的凡人が怖い存在になるのはどんなときか、どんな怖い存在になるのかについて、具体例を挙げながら解説する。

最後に、第6章では、怖い凡人から身を守るための対処法を提案する。

怖い凡人は、あなたのとなりにもいるはずだ。痛い目に遭いたくなければ、本書を是非お読みください。

目次

●本書内で触れている事件等の出来事は、原則として2019年4月までに報道されている内容に基づいております。

第1章　悪をなす凡人

共謀という悪

2019年1月、千葉県野田市で当時小学4年生だった栗原心愛《みあ》さんが自宅の浴室で死亡した事件は衝撃的だった。何よりも衝撃的だったのは、父親による虐待を黙認することによって結果的に共謀したと考えられる人物が複数いたことである。

この事件では、心愛さんの両親が逮捕された。父親の勇一郎被告は、実の娘の両腕をつかんで体を引きずり、顔を浴室の床に打ち付け、胸や顔を圧迫するなどの暴行を加え、顔面打撲や骨折を負わせたとして、傷害致死罪で起訴された。

一方、母親のなぎさ被告は、勇一郎被告と共謀したとして、傷害幇助の罪で起訴された。夫の暴行を制止しなかったことが共謀に当たるとみなされたようだ。

この母親は、娘への虐待を黙認しただけではない。勇一郎被告の〝暴走〟ともいえる行動に手を貸した形跡もある。

父親による虐待が発覚したきっかけは、心愛さんが2017年11月に当時通っていた小学校で実施されたアンケートで、「お父さんにぼう力を受けています。夜中に起こされたり、起きているときにけられたりたたかれたりされています。先生、どうにかできませんか」とSOSを出したことだ。

そのため、児童相談所は虐待の可能性が高いと判断し、一時保護したのだが、同年12月に一時保護を解除し、心愛さんは親類宅に身を寄せた。翌2018年1月12日、勇一郎被告は、心愛さんが父親の暴行を訴えた学校アンケートの回答を見せるよう学校側に要求し、その場になぎさ被告も同席していた。

さらに同月15日、勇一郎被告は野田市の教育委員会に、心愛さんの字で「アンケートをお父さんお母さんに見せても構わないです」と書かれた同意書を持ち込んだ。その際、なぎさ被告は心愛さんの自筆だと証言した。

教育委員会側は、それまでに感じたことのない恐怖を感じ、「精神的に追い詰められてやむにやまれず（アンケートを）出してしまった」そうだが、母親もアンケートのコピーが勇一郎被告の手に渡る後押しをしたわけである。

それだけではない。2018年2月末、児童相談所は心愛さんを両親の住む家に戻すことを決定したのだが、この決定には心愛さんが書かされた「ウソの手紙」が大きく関与しており、それを書かせるのに母親も加担したのだ。
同年2月26日、児童相談所の職員3人が、当時親族宅で生活していた心愛さんを訪問したところ、そこに父親も来て、引き取りを希望した。その際、父親は心愛さんの署名付きの手紙を見せた。
その手紙には、次のように書かれていた。

〈お父さんにたたかれたということは、ウソです。山崎小学校の○○先生にきかれて思わずいってしまいました。お父さん、お母さん、妹、(親族の呼び名)にたくさんの迷惑をかけてしまいました。ごめんなさい。ずっと前からはやく4人でくらしたいと思っていました。このあいだのときにも言いました。お父さんにはやく会いたいです。児童相談所の人にはもう会いたくないのでこないでください。会うといやな気分になるので、今日でやめてください。おねがいします〉

こうしたやり取りにもとづいて、同月28日に援助方針会議が行われ、心愛さんを実父母宅に戻す決定が下されたのだが、心愛さんが書いたと父親が主張した手紙は、実は書かされたものだったことが後に判明している。

この事実が判明したのは、同年3月、児童相談所の職員が、心愛さんが通っていた小学校を訪問して面接し、父親が見せた手紙について尋ねたときである。手紙を書いたのは、父親が仕事でいないときに母親に会いにアパートに帰った際で、そのとき父親から母親にメールが届き、「こういう手紙を書くように」と内容を指示していたので、心愛さんがそれを見ながら書き写したという。

したがって、心愛さんを両親宅に戻す決定に少なからぬ役割を果たしたと考えられる手紙は、「ウソの手紙」だったわけで、それを書かせるのに母親も加担したことになる。

そのうえ、2019年1月に死亡するまでの約1カ月間、心愛さんは外出せず、学校も3学期の始業式からずっと欠席していたのだが、これは母親が父親から「『外に出すな』と言われていた」からだと供述している。その間、母親は、外出中の勇一郎被告に、心愛さんの様子をLINEなどで報告していたらしい。つまり、母親は監視の役割を担っていたのである。

もちろん、この事件で一番悪いのは父親の勇一郎被告だ。だが、母親のなぎさ被告も共謀していたことは否定しがたい。この母親は、勇一郎被告からのDV（ドメスティックバイオレンス）被害を訴えており、夫婦の力関係について「自分は支配下にあった」と供述しているので、暴力によって支配されていたと考えられる。だから、同情すべき点もあるとはいえ、共謀して娘を死に至らしめたことが許されるわけではない。

共謀の3つの要因

この母親が共謀したのは、次の3つの要因によると考えられる。

（1）思考停止
（2）想像力の欠如
（3）自己保身

母親が実際にDVを受けていたのであれば、恐怖のせいで思考停止に陥っていた可能性が高い。事件当日の勇一郎容疑者の行動について、母親は「暴行を止めても無駄だと思った。どうしようもなかった」と供述しているので、強い無力感にさいなまれていた可能性が高い。無力感から思考停止に陥ることは少なくない。

こういう状態では、夫の暴行を制止しないと、どういう事態を招くかに想像力を働かせることもできなかったはずだ。虐待死はこれまでも報道されており、最悪の場合、死を招きかねないことはちょっと考えればわかりそうなものだ。しかし、恐怖と無力感のせいで思考停止に陥っていると、その可能性に思いが及ばない。

また、「娘が夫から暴行を受ければ、自分は暴行されないですむと思った」と供述していることから、自分が夫からDVを受けないようにするため、つまり自己保身のために夫に同調したと考えられる。

厳しい見方をすれば、娘をスケープゴート（贖罪の山羊）にすることによってわが身を守ろうとしたわけで、本来娘を守るべき母親がいったい何をしていたのかと言いたくなる。

ただ、自己保身のために黙認するのは、この母親に限った話ではない。たとえば、いじめは、いじめっ子（加害者）といじめられっ子（被害者）の二者関係だけで起こるわけではなく、いじめをはやし立てて面白がって見ている「観衆」と見て見ぬふりをしている「傍観者」も加わった四層構造で起こる（『いじめとは何か』）。

この「傍観者」の割合が増えるほど、いじめは起こりやすい。そして、見て見ぬふりをする態度の背景には、「自分が被害者になることへの恐れ」や「優勢な力に対する従順さ」などがある（同書）。

いずれも、母親のなぎさ被告に認められる。とくに、「自分が被害者になることへの恐れ」が強かったように見受けられる。だからこそ、夫の暴行をほとんど制止せず、「傍観者」の立場に身を置くことによって自分自身を守ろうとしたのではないだろうか。

教育委員会も共謀

先ほど指摘した3つの要因は、教育委員会にも認められる。この事件では、心愛さんが虐待被害を訴えていたアンケートのコピーを教育委員会が父親に渡したことが問題になり、激しい批判を浴びた。

もっとも、教育委員会の担当者の記者会見の映像を見て、そんなに悪い人という印象は受けなかった。むしろ、普通の人という印象を私は受けた。だが、この手の凡人が、必ずしも悪気はないのに、最悪の結果を招く、つまり結果的に悪をなすことは少なくない。その理由を、先に挙げた3つの要因から分析したい。

まず、母親のなぎさ被告と同様に教育委員会も、恐怖から思考停止に陥っていた可能性が高い。これは、会見で「威圧的な態度に恐怖を感じ、屈して渡してしまった」と述べたことからも明らかである。

教育委員会は会見で「訴訟のことですとか、親の権利を主張されたり、言葉や態度から非常に威圧を感じた」とも話している。父親は、心愛さんの一時保護の後、小学校の校長に対して、今後心愛さんを保護する際にはすぐに父親に情報を開示することなどを約束させる「念書」を書かせている。この一事を見ても、威圧的で怖い人だったことは容易に想像がつく。

もっとも、いくら威圧的で、恐怖を感じたからといって、「ひみつをまもります」と明記されていたアンケートのコピーを加害者である父親に渡すことが許されるわけではない。恐怖を感じたのも無理からぬ話だが、渡せないものは渡せないと断るべきだったと思う。断るのが怖かったのなら、「一存では決められないので、会議で話し合ってから返事します」と伝え、児童相談所や警察などと協議のうえで対応を検討するのもひとつの手だったのではないか。

しかも、アンケートのコピーを父親に渡したら、どういう事態を招くかを想像することもできなかったように見える。

まず考えられる事態は、父親の怒りにさらに拍車をかけることである。「お父さんにぼう力を受けています」という文章を読んだ父親が激怒するであろうことは、ちょっと考えればわかりそうなものだ。もともと攻撃衝動をコントロールできなくて暴力を振るっていた父親の怒りに火がつけば、暴力が一層激しくなるであろうことは容易に想像がつく。

また、心愛さんへの影響も深刻だ。「ひみつをまもります」と明記されていたからこそ、勇気を振り絞ってＳＯＳを出したのに、守られるはずの秘密が守られず、父親に知られてしまった。その結果、父親の暴力が以前にも増して激しくなれば、絶望感に打ちひしがれても不思議ではない。

それ以上に深刻なのは、SOSを出しても無駄、いやそれどころか事態をさらに悪化させるということを学習し、SOSを出さなくなることだ。その結果、死亡という最悪の結末を迎えてしまった可能性も考えられる。そういう可能性に想像力が及ばなかったという点で、教育委員会の罪は重いと思う。

さらに、自己保身のためにアンケートのコピーを父親に渡した可能性も否定しがたい。もちろん、威圧的な言葉や態度に恐怖を感じ、自分の身に危険が及ぶのではないかと危惧したこともあるだろう。だが、それ以上に、上層部に直訴されたり、訴訟を起こされたりして面倒くさいことになったら困るという気持ちが強かったのではないか。

そういう面倒くさいことになれば、自分の役職や肩書を失いかねない。そのことへの恐怖が強かったからこそ、アンケートのコピーを父親に渡すとどういう反応をするかに想像力が及ばなかったのだろう。

もっとも、わが身を守るためにやっても、自己保身とは真逆の結果を招くことはままある。今回も、アンケートのコピーを父親に渡した担当課長を、野田市教育委員会は停職6カ月の懲戒処分とし、主幹に降格させた。

そういう可能性に思いが及ばないほど、恐怖のせいで思考停止に陥ってしまい、想像力を働かせることもできなかったのかもしれない。それだけ勇一郎被告が威圧的で怖かったのだろうが、だからといって死亡という最悪の事態を招く一因をつくった取り返しのつかない行為を正当化できるわけではない。

児童相談所の怠慢という悪

この事件では、児童相談所の対応にも批判が殺到した。

まず、2017年11月に一時保護された際、心愛さんはPTSD（心的外傷後ストレス障害）の疑いがあると診断されており、児童相談所は「父親とは一定期間、会わせないようにするべき」などと市に報告していたのに、翌2018年2月には「虐待の再発は認められない」として両親のもとに戻す判断を下している。

しかも、この判断を下した援助方針会議の時点で、勇一郎被告が児童相談所の判断を待たずに心愛さんを自宅に連れ帰った可能性を認識していた形跡がある。というのも、会議の前日、児童相談所から市に「心愛さんが父親のもとに帰っている可能性が高い」と報告があったからだ。この報告は、その前日、親族宅を訪れた勇一郎被告が、同席していた児童相談所職員に「きょうで娘を連れて帰る」と発言したことにもとづいて行われたようだ。

「父親とは一定期間、会わせないようにするべき」だからこそ、心愛さんを一時保護し、その後も親族宅で生活させていたはずだ。にもかかわらず、児童相談所は、父親が無断で心愛さんを自宅に連れ帰ったことを黙認する形で、両親のもとに戻す判断を下したわけである。

そのうえ、母親のなぎさ被告が勇一郎被告からのＤＶを児童相談所に訴えていたのに、一時保護を解除する際も、自宅に戻す際も、ＤＶがなくなったか否かを児童相談所は確認していない。

心愛さんが一時保護された後、母親は児童相談所の職員に「頻度は高くないが、今も夫からＤＶがある」と打ち明けている。児童の目の前でのＤＶは心理的虐待に該当するので、本来は保護解除の際も、自宅に帰す際も、ＤＶの継続について母親への聞き取りを行うべきなのに、やっていない。

おまけに、先ほど述べたように、心愛さんが書いたと父親が主張した「お父さんにたたかれたということは、ウソです」云々の手紙は、父親がメールで指示した通りに心愛さんが書かされた「ウソの手紙」であることを児童相談所の職員は把握していたにもかかわらず、何の対応もしなかった。

それどころか、一時保護を解除した後、一度も家庭訪問をしていない。勇一郎被告は２０１９年１月、心愛さんを１カ月ほど休ませると学校に連絡しており、そのことを児童相談所も把握していた。だが、家庭訪問も家族への連絡も行っていない。これでは、虐待リスクの評価が不十分と批判されても仕方がない。

虐待件数が増え続けていて、児童相談所の職員はみな非常に多忙という事情があるにせよ、やるべき対応をやっていなかったことが虐待死という最悪の事態を招いた可能性も考えられる。そして、その背景には、先ほど挙げた３つの要因があるように見える。

まず、先ほど取り上げた教育委員会と同様に、勇一郎被告の威圧的な言動に恐怖を感じ、思考停止に陥った可能性が高い。実際、勇一郎被告は「児相職員を名誉毀損で訴える」などと脅しとも取れる言葉を吐いているので、職員はかなりの恐怖を覚えたのではないか。

また、やるべきことをやらないと、どういう事態を招くかに想像力が及ばなかったように見える。ＤＶが続いているかもしれないうえ、メールで指示して「ウソの手紙」を書かせる父親がいる家庭に虐待されていた子どもを戻すと、どういう事態になるのかに想像力を働かせることができなかったのではないか。

何よりも問題なのは、心愛さんを1カ月も休ませると勇一郎被告が学校に連絡し、それを児童相談所も把握した時点で、虐待によって衰弱しているとか、あざや傷が外から見えるところにできているという可能性が脳裏に浮かんでしかるべきだし、それに対して適切な対応をすべきなのに、何もしていないことだ。

これまでも虐待死は繰り返されているので、かつて虐待で一時保護された心愛さんにもそのリスクがあることは、ちょっと考えればわかりそうなものだ。命にかかわることだから、常に最悪の事態を考えて対応しなければならないのに、その可能性に考えが及ばなかったのだとすれば、言語道断である。

もしかしたら、最悪の事態を想像することはできたものの、勇一郎被告への恐怖のほうが勝ち、なるべくかかわりたくないという自己保身の心理が働いたのかもしれない。

これは、勇一郎被告の一連の言動を振り返ると、無理もない。

もっとも、だからといって、やるべきことをやらなくていいという理由には決してならない。児童相談所に勤務していた経験がある知り合いの精神科医の話では、親から脅し文句を投げつけられるのは日常茶飯事で、刃物を突きつけられることもあるらしい。もちろん怖いが、子どもを守るためには、威圧的な親のいる家庭を訪問することも、親の意に沿わない決断を下すことも必要なので、それなりの覚悟を持って勤務していたという。

この事件で、児童相談所は怠慢という悪をなした。怠慢という言葉は、英訳すると「ネグレクト（neglect）」になる。そして、「ネグレクト」は、児童虐待のひとつである「育児放棄」を指す言葉でもある。

したがって、これは、「ネグレクト」から子どもを守るべき児童相談所が、「ネグレクト」によって共謀した結果招いた悲劇といえよう。

東芝における共謀という悪

母親のなぎさ被告にせよ、教育委員会の担当者にせよ、児童相談所の職員にせよ、いわば普通の人だ。少なくとも、勇一郎被告のように、教育委員会や児童相談所に強い恐怖を与えるほど威圧的にふるまい、実の娘を死に至らしめるほど暴行するような怖い人ではない。しかし、そういう普通の人が最悪の結末を招くことに加担したわけである。

実は、こういうことは誰にでも起こりうる。とくに企業で多い。なぜかといえば、自己保身を重視するあまり、それ以外のことを考えられなくなって思考停止に陥る会社員が少なくないからだ。そういう会社員は、自己保身のためとはいえ、不正に手を染めたらどういう事態を招くかに想像力を働かせることもできない。本人は「怖かったから、自分の身を守るためには仕方がなかった」と自己正当化するかもしれない。だが、それが結果的に悪につながることもある。

その典型が東芝だろう。東芝は、アメリカの原発事業の失敗で巨額の損失を出し、グループの営業利益の9割を稼いでいた〝虎の子〟の半導体メモリー子会社「東芝メモリ」を売却した。さらに2018年11月には、1400人規模の希望退職をはじめ、7000人規模の人員削減を進めると発表した。

ここまで凋落した東芝の経営危機のきっかけは、粉飾決算の発覚である。2015年1月、証券取引等監視委員会に東芝社内から「東芝の社会インフラ事業部門（原子力事業を含む）で恒常的に利益の水増しが行われている」という内容の1通の内部告発が届いた。しばらくしてから、今度は「パソコンやテレビ事業での利益水増し」を示唆する2通目の内部告発が届いた（『東芝―原子力敗戦』）。

告発があった「利益水増し」について2カ月間調査した第三者委員会は、同年7月、長大な調査報告書を東芝に提出した。注目すべきは、この報告書に「チャレンジ」という言葉が何度も登場することだ。

「チャレンジ」は、東芝では「上意下達される営業目標」を指していた。これを経営用語として用いたのは、1965年に経営不振の東芝を立て直すために乗り込んだ土光敏夫である。土光は、のんびりした社風から「公家集団」と呼ばれていた東芝を戦う集団に変えるために、高い目標に挑戦させようとしたのだろう。しかし、この「チャレンジ」の意味が次第に変質し、真面目な社員ほど「不正をしてでも達成しなくてはならない数字」と受け止めるようになった（同書）。

たとえば、パソコン事業では、経営トップが「チャレンジ」と称する過大な収益目標と損益改善要求を課していた。それを達成するために、実質的に翌期以降の利益を先取りするなど、不適切な会計処理をせざるを得ない状況に社員が追い込まれたという。したがって、報告書は、歴代3社長が現場に圧力をかけるなどしたと断定し、「経営トップらを含めた組織的な関与があった」と指摘した。そのため、歴代3社長は辞任に追い込まれた。

一方、報告書は「上司の意向に逆らえない企業風土があった」とも指摘している。こうした企業風土を醸成した要因のひとつとして恐怖を挙げておきたい。

たとえば、16代目社長を務めた佐々木則夫氏は、社長月例で「会議室の窓ガラスがビリビリ震えるほどの怒声を飛ばしていた」という関係者の証言がある。そのため、「震え上がった東芝の社員は競うようにして粉飾に手を染めた」（同書）。これは、体格がよく、地声も大きかった佐々木氏の剣幕に恐れをなして、怒られたくない一心で「チャレンジ」をしたからだろう。

もちろん、一番悪いのは、「チャレンジ」という言葉で過大な収益目標を課し、恐怖で支配して、現場に圧力をかけた歴代の経営トップである。だが、たとえ恐怖のせいで上司の意向に逆らえず、無言の圧力に屈する形で粉飾に手を染めたのだとしても、東芝の社員が無罪とは決していえない。厳しい見方をすれば社員全員が共謀したともいえる。

ジャーナリストの大西康之氏は、「東芝原子力事業の暴走と、それを糊塗するためにほぼ全事業部で行われた粉飾には、何千人もの東芝社員が関わった。厳しく言えば、彼ら全員が『共同正犯』である」（同書）と述べているが、私もまったく同感だ。

優秀な東芝社員なら、社内で飛び交う「チャレンジ」という言葉が「粉飾」を意味することに気づいていたはずだ。にもかかわらず、証券取引等監視委員会に内部告発がなされるまで、誰ひとりとして「おかしい」と言う者はいなかった。しかも、この内部告発は権力闘争の過程で行われたことが後に判明しており、必ずしも不正を告発するためではなかった。

東芝社員が共謀した背景には、「自分の昇進に対するおそろしい熱心さ」があったと大西氏は指摘している（同書）。もちろん、それもあったのだろうが、むしろ自分の役職や東芝社員という〝ブランド〟を失うことへの喪失不安のほうが強かったのではないか。

上司の意向に逆らったら、飛ばされるかもしれない。最悪の場合、退職に追い込まれかねない。東芝が「いい会社」だったからこそ、そういう会社の社員という〝ブランド〟を失いたくないという気持ちは、他社の社員よりも強かったはずだ。

この喪失不安は、教育委員会の担当者や児童相談所の職員にも認められる。喪失不安が強いほど、自己保身に走るのが人間という生き物だ。しかも、凡人ほど不安によって揺れ動きやすい。だからこそ、共謀という悪に簡単に手を染めてしまうのである。

スルガ銀行における共謀

こうした共謀は銀行でも行われるようで、その典型がスルガ銀行である。スルガ銀行は、個人向けに特化した独自のビジネスモデルで成長し、地方銀行の中では優良とされてきた。ところが、2018年、シェアハウス運営会社の経営行き詰まりによって、不正融資問題が発覚した。

第三者委員会が公表した調査結果によれば、書類改ざんなどの偽装は、シェアハウス以外の収益不動産ローンにも及んでいた。虚偽の価格で契約書を作成したり、賃料収入を多く見せたりする偽装によって、融資額や担保評価額をつり上げていたのだ。

こうした不正の背景には、過大な営業目標と過度のプレッシャーがあったようだ。数字が優先されるあまり、ノルマを達成できない行員は厳しく叱責されたという。「数字ができないなら、ビルから飛び降りろ」「なぜできないんだ。案件を取れるまで帰ってくるな」「おまえの家族を皆殺しにしてやる」などの罵詈雑言が浴びせられた（『週刊東洋経済』2018年9月29日号）。

乱暴なのは言葉だけではない。暴力的なふるまいもあったらしい。数字ができなかった場合、物を投げつけられ、パソコンにパンチされることもあれば、いすを蹴られ、机をたたかれることもあった。なかには、首をつかまれて壁に押し当てられたという行員もいて、恫喝まがいの叱責が横行していた様子がうかがわれる（同誌）。

そのせいか、第三者委員会の調査報告書には次のような行員の声も掲載されている。

「パワハラ以外の何ものでもないことが各地で行われていることを知っていながら、誰も止められなかった」（同誌）

誰も止められなかったのは、やはり怖かったからだろう。恐怖によって支配されていたからこそ、パワハラ以外の何ものでもないことが行われていても、黙認し、無批判に従うしかなかった。

その背景には、先ほど挙げた3つの要因があると推測される。まず、恐怖のせいで思考停止に陥っていた可能性が高い。いや、むしろ数字に追われてノルマを達成することしか眼中になく、他のことを考える余裕などなかったのかもしれない。

当然、不正融資がどういう事態を招くかに想像力を働かせることもできなかったはずだ。数字を優先するあまり、融資額や担保評価額をつり上げると、貸した金を回収できなくなる恐れがあることは、銀行員なら、ちょっと考えればわかりそうなものだ。だが、目標未達だと厳しく叱責されるので、それに対する恐怖が強く、「とにかく今さえ乗り切ればいい。後は野となれ山となれ」という気持ちが勝って、想像力を働かせる余裕などなかったのだと考えられる。

何よりも強かったのは自己保身である。もちろん、目標未達だと、上司から厳しく叱責され、ときには恫喝まがいの暴言を浴びせられることへの恐怖が強く、わが身を守るために書類改ざんという悪に手を染めたという面もあるだろう。だが、むしろ、銀行員という肩書を守りたいという気持ちのほうが強かったのではないか。

銀行員といえば、かつては安定の代名詞で、誰もがうらやむ職業だった。銀行への就職が決まったとき、家族は大喜びしたはずだから、そういう肩書を失いかねない状況に追い込まれることは、誰だって嫌だろう。

ところが、数字が最優先のスルガ銀行では、ノルマを達成できなかったり、上司のパワハラを止めようとしたりすれば、飛ばされるかもしれないし、退職に追い込まれるかもしれない。少なくとも職場で居心地が悪くなるのはたしかであり、場合によっては心身に不調をきたし、あげくの果てに退職せざるを得なくなるかもしれない。

実際、第三者委員会の調査報告書には「毎日、毎日、怒鳴り続けられ体調が悪くなり、夜、眠れなくなって、うつ病になり銀行を1年8カ月休職した」という行員の声も掲載されている。

こういう事態に陥りたくなければ、目標未達の行員は取引書類を偽装して、あたかもノルマを達成したかのように見せかけるしかない。だから、第三者委員会が直接インタビューを行った行員のうち、「偽装に関与したことがある証拠がまったく見つからなかった者は一人も存在しない」という状況だった（同誌）。まさに、銀行全体が共謀したわけで、東芝と同様に全員が「共同正犯」といっても過言ではない。

「攻撃者との同一視」

ノルマを達成できない部下に暴言を浴びせたり、暴力的なふるまいで威嚇したりしたパワハラ上司にしても、自分の部署がノルマを達成できないと、その上の上司から厳しく叱責され、場合によっては降格処分を受けかねないので、そういう事態への恐怖から自己保身に走ったのではないか。

しかも、こうした恫喝まがいの叱責は、昨日今日始まったものではなく、上司自身も若い頃から上司に恫喝されながら育ったので、それと同じことを繰り返しているにすぎないと思う。

このように自分がやられたのと同じことを目下の相手に繰り返すのは、「攻撃者との同一視」という防衛メカニズムが働くからである。

「攻撃者との同一視」とは、自分の胸中に不安や恐怖をかき立てた人物の攻撃を模倣して、屈辱的な体験を乗り越えようとする防衛メカニズムであり、フロイトの娘、アンナ・フロイトが見出した(『自我と防衛』)。

このメカニズムは、さまざまな場面で働く。たとえば、学校の運動部で「鍛えるため」という名目で先輩からいじめに近いしごきを受けた人が、自分が先輩の立場になったとたん、今度は後輩に同じことを繰り返す。あるいは、子どもの頃に親から虐待されていた人が、自分が親になると、自分が受けたのと同様の虐待をわが子に加える。同様のことは職場でも起こりうる。その典型がスルガ銀行で行われていた恫喝まがいの叱責であり、代々連鎖してきた可能性が高い。

困ったことに、自分自身が味わった不安や恐怖が強いほど、「自分は理不尽な目に遭い、つらい思いをした」という被害者意識も強くなる。この被害者意識は曲者である。というのも、「自分もやられたのだから」という理由をつければ、自分と同じような体験を他人に味わわせることを正当化できるからだ。だから、たとえパワハラ以外の何ものでもないことでも、被害者意識を言い訳にして、罪悪感なしにやってのける。

こうした自己欺瞞が起こりやすいのは、自分自身の不安や恐怖を直視せず、できるだけ目を背けようとする人である。心の中にある不安や恐怖と向き合うのが怖いからこそ、無意識のうちに「攻撃者との同一視」のメカニズムによって屈辱的な体験を乗り越えようとするのだともいえる。その結果、いじめも、虐待も、パワハラも連鎖するのだが、本人は被害者意識によって正当化しようとする。だからこそ怖いのである。

どこにでもいるアイヒマン

この章では、必ずしも悪人というわけではないのに、3つの要因によって共謀し、結果的に悪をなす凡人を取り上げた。いわば〝怖い凡人〟だが、厄介なことに、この手の凡人は、ときとして途方もなく大きな悪に加担する。

その典型が、ナチス親衛隊（SS）の中佐で、ユダヤ人を強制収容所や絶滅収容所に移送し、管理する部門で実務を取り仕切っていたアドルフ・アイヒマンである。アイヒマンは、第二次世界大戦中、ユダヤ人絶滅という「最終解決」の責任者のひとりとして数多くのユダヤ人をガス室に送った。彼の指揮下で逮捕されたあげく、収容所で殺されたユダヤ人は数百万人にのぼるといわれている。

アイヒマンは終戦後アメリカ軍に逮捕されたが、1946年に脱走してアルゼンチンに逃れ、偽名を使って家族と一緒に潜伏していた。しかし、1960年5月、イスラエルの諜報機関、モサドが見つけて、イスラエルに強制連行した。そして、翌年エルサレムの法廷で公開裁判が行われた。

この裁判を特派員として取材したのが、女性の政治哲学者、ハンナ・アーレントである。アーレントはドイツで生まれたが、ユダヤ人だったので、ナチスの迫害を逃れて、フランスさらにはアメリカに亡命した。

アーレントの裁判傍聴記は、アメリカの有力な週刊誌『ニューヨーカー』に掲載され、さらに『イェルサレムのアイヒマン』として刊行されて、大反響を呼んだ。何よりも衝撃的だったのは、サブタイトルが「悪の凡庸さ（Banality of Evil）」だったことである。

この「悪の凡庸さ」という表現を選んだのは、ナチスの立案したユダヤ人絶滅計画を実行したのが、多くの人が想像していた「いかにも悪人」という人物ではなかったからだ。アイヒマンは、精神医学者たちから「危険な飽くことのない殺人衝動に憑かれている男」「倒錯したサディスティックな人格」と決めつけられていたが、実際にはそうではなかった（『イェルサレムのアイヒマン』）。

しかも、「もっと困ったことに、あきらかにアイヒマンは狂的なユダヤ人憎悪や狂信的反ユダヤ人主義の持主でも、何らかの思想教育の産物でもなかった。〈個人としては〉彼はユダヤ人に対して何ら含むところはなかった」（同書）。

つまり、アイヒマンが極めつきの悪人ではなく、また狂信的なナチス党の党員でもなく、「ごく平凡なドイツ人」であったことに強い衝撃を受けたからこそ、この「悪の凡庸さ」という表現を選んだのだ（『アレント入門』）。

それでは、その凡庸な人物がユダヤ人絶滅という悪を実行するうえで重要な役割を果たしたのはなぜかということになる。アーレントによれば、最大の要因は思考停止である。

アーレントは、「アイヒマンは愚鈍なのではなく、奇妙なほどにまったく〈思考すること〉ができないのでした」と述べている（「思考と道徳の問題―W・H・オーデンに捧げる」『責任と判断』所収）。〈思考すること〉ができないからこそ、自分のやっていることがどういう事態をもたらすかに考えが及ばず、良心の呵責も罪悪感もなしにあれだけの悪をやってのけたのだとすれば、腑に落ちる。

「〈思考すること〉ができない人間なんて本当にいるのか?」と疑問に思われるかもしれないが、実際にいる。しかも、学歴はあまり関係ない。たとえ高学歴でも、〈思考すること〉ができず、思考停止に陥って、どんな不正でも淡々とやってのける人はいくらでもいる。

とくに日本の入試制度では、主に記憶力と情報処理能力（速さと正確さ）を見るので、丸暗記してしまえば、思考力がなくてもかなり偏差値の高い大学に入ることができる。だから、一見いい大学、いい会社のエリートコースを歩んでいるようでも、〈思考すること〉ができない人は少なくない。

その典型が、「チャレンジ」の名のもとに粉飾に手を染めた東芝社員だろう。東芝は超一流企業で、高学歴社員の集まりだったはずだが、そういう会社で信じられないような粉飾が行われた。だから、前出の大西氏は『東芝―原子力敗戦』を「『身も心も会社に捧げろ』というサラリーマン全体主義は、思考停止の凡人を量産する。今や日本の大企業はアイヒマンだらけである」という言葉で締めくくっている。

その通りだと私も思う。ただ、これは大企業に限った話ではなく、中小企業にもアイヒマンはいくらでもいるように見える。というのも、私は大阪市で精神科医として病院と診療所に勤務しており、しばしば中小企業の従業員を診察するのだが、いかにアイヒマンだらけかを患者から聞かされる機会が多いからである。

そのため、むしろ中小企業にアイヒマンが多い印象を個人的には抱いている。その原因を私なりに分析すると、同族企業が多く、規模も小さいので、経営者がヒトラーのような独裁者になりやすいことが大きいと思う。当然、その下で働き続けられるのは、アイヒマンと同様にもともと〈思考すること〉ができない人、もしくは〈思考すること〉をあえてやめて思考停止に陥る人だけである。

いずれにせよ、アイヒマンのようになるしかなく、それが嫌なら、退職するしかない。だが、実際には、それほど簡単に退職できるわけではない。転職先が見つからなければ、食べていけないからだ。

そのため、賞味期限の書き換えや書類の改ざんなどの不正を命じられても「そんなことはできません」と断るのは、なかなか難しい。かといって、そういう不正に手を染めるのは良心がとがめるし、第一後で発覚したら自分が罪を問われるのではないかという不安にさいなまれる。こういう葛藤から心身に不調をきたした従業員が私の外来を受診するわけで、アイヒマンになれないからこそ心を病むのだともいえる。

それに対して、ヒトラー的な経営者から悪を強要されても、良心の呵責なしに従う思考停止のアイヒマンは、病気にならずにすむ。それどころか、経営者に気に入られて出世し、今度は上司の立場で部下に悪を押しつけるようになることも少なくない。だから、ヒトラー的な経営者のいる中小企業には結局アイヒマンしか残らない。

もっとも、そういう中小企業は、遅かれ早かれ経営が破綻してつぶれるだろう。そうなれば、ヒトラーもアイヒマンも退場を余儀なくされる。つぶれたときにヒトラー的な経営者から責任を押しつけられて、うつになったアイヒマン的従業員を診察したこともある。

一方、大企業はなかなかつぶれないので、よほど危機的な事態に陥るまでは誰も声をあげず、アイヒマンであり続けようとする。しかも、東芝もそうだが、ブランド力のある大企業にしがみつこうとする社員が多いはずで、そのためにはアイヒマンでいるしかない。当然、大企業はアイヒマンだらけになる。したがって、どちらにアイヒマンがたくさんいるかはあまり重要ではなく、大企業も中小企業もアイヒマンであふれているのである。

ノーマルだからこそ厄介

アイヒマンの発言で、アーレントがとくに注目したのは徹底した服従姿勢である。しかも、彼は上司の「命令」に従ったのみならず、「法」にも従ったのだと主張している（『悪と全体主義―ハンナ・アーレントから考える』）。

アーレントは、『イェルサレムのアイヒマン』で次のように述べている。

「彼のすることはすべて、彼自身の判断し得るかぎりでは、法を守る市民としておこなっていることだった。彼自身警察でも法廷でもくりかえし言っているように、彼は自分の義務をおこなった。命令に従っただけではなく、法律にも従ったのだ」

アイヒマンにとって「法」とは、ヒトラーの意向にほかならなかった。だからこそ、それに徹底的に従ったわけだが、こういうことがどこでも起こりうることは、この章で取り上げたケースを振り返れば明らかだ。企業でも銀行でも、トップの意向が「法」にほぼ等しくなり、思考停止の社員や行員がそれに従っているのは、ありふれた光景である。

最初に取り上げた栗原なぎさ被告にしても、暴力によって家族を支配するヒトラー的な夫に徹底的に服従していた、いや服従するしかなかったからこそ、実の娘の虐待死に加担することになったのだろう。

もちろん、こうした服従はしばしば思考停止と自己保身から生まれる。だが、日本のほとんどの組織では服従は美徳とみなされる。しかも、服従する人間ほど上から気に入られ、甘い汁を吸える。逆に、服従せず、「それはおかしい」「そんなことはできません」などと声をあげる人間は、徹底的に干され、あげくの果てに排除される。これは見せしめのためでもある。

そのため、「長い物には巻かれよ」ということわざ通り、とりあえず服従しておこうとなりやすい。第一、そのほうが面倒くさくなくていいと思う人も少なくない。もっとも、こういう姿勢こそ、ヒトラーの意向を「法」とみなして、それに徹底的に従ったアイヒマンを生み出すのであり、誰でも彼のようになりうる。

「アイヒマンという人物の厄介なところはまさに、実に多くの人々が彼に似ていたし、しかもその多くの者が倒錯してもいずサディストでもなく、恐ろしいほどノーマルだったし、今でもノーマルであるということなのだ」（同書）というアーレントの言葉を忘れてはならない。

第2章　ヒトラー的支配者

日大アメフト部の独裁的監督

アイヒマンのような凡人のかたわらには、必ずといっていいほどヒトラーのような支配者がいる。栗原なぎさ被告を暴力によって支配した夫の勇一郎被告も、東芝社員に怒声を飛ばして粉飾に手を染めさせた社長もヒトラー的支配者である。

このタイプに共通するのは、目下の者を恐怖で支配して自分の思い通りに動かそうとすることだ。しかも、そういう自分のふるまいが間違っていたとも、悪かったとも思わない。当然、罪悪感も良心の呵責も覚えない。

勇一郎被告は、一連の虐待について逮捕後も「しつけのつもりだった」と供述している。また、東芝を現在の苦境に追い込んだ責任があるはずの歴代3社長も法廷で「会社のためにやったことだ。自分は悪くない」と主張している(『東芝—原子力敗戦』)。

こうした厚顔ぶりを見せる人物が組織のトップを務めていることは、日本では珍しくない。私の外来を受診した患者の話を聞いても、この手のトップの下で働かなければならないことが心身に不調をきたす一因になっていると痛感する。

その典型と私が考えるのが、日本大学アメリカンフットボール部の選手による悪質タックル事件である。2018年5月に行われた定期戦で、日本大学の選手が、関西学院大学の選手に悪質なタックルをして、全治3週間のけがを負わせた。その後、負傷した選手は大阪府警に被害届を提出した。

この事件では、日大アメフト部の監督を務めていた内田正人氏の指示の有無が問題になり、内田氏は会見で「指示はしていない」と終始否定した。しかし、悪質タックルをした宮川泰介選手が「『(反則)やるなら(試合に)出してやる』と言われた」と周囲に話していたことが報じられたうえ、弁護士付き添いのもとで記者会見し、「監督、コーチの指示」と証言した。そのため、日大教職員組合が「大学法人本部の危機管理能力欠如」を糾弾し、アメフト部父母会も「大学の対応に憤りを感じた」と不満を隠さなかった。結局、内田氏は監督を辞任した。

関東学生アメフト連盟の規律委員会も、選手、コーチ、審判などへの聞き取り調査を行い、内田氏の「やらなきゃ意味ないよ」という発言を事実と認定した。そして、「けがをさせる意図が込められていた」と判断し、最も重い除名処分としたのである。

6つの特徴

一連の経緯を振り返ると、内田氏には次の6つの特徴が認められる。

（1）恐怖で支配
（2）強い特権意識
（3）自己保身
（4）想像力の欠如
（5）甘い現状認識
（6）自覚の欠如

まず、（1）恐怖で支配しようとしたことが挙げられる。なぜ恐怖を与えられたのかといえば、どの選手を試合に出すかがアメフト部の監督を務めていた内田氏の裁量ひとつで決まっていたからだ。

宮川選手は、大学世界選手権日本代表に選ばれていたにもかかわらず「監督から『日本代表に行っちゃだめだよ』と言われた」と会見で話している。たとえ監督にそう言われたとしても、日本代表に行くかどうかは本人が決めることだと私は思うが、宮川選手は「意見を言える関係ではありませんでした」と述べており、監督の言うことになかなか抗《あらが》えなかった雰囲気がうかがわれる。それだけ内田氏は絶対的存在だったわけで、だからこそ関東学生アメフト連盟も日大アメフト部の体質を「監督の言うことは絶対だった」と評したのだろう。

しかも、内田氏は、アメフト部の監督だけでなく、日大の人事担当の常務理事も務めていて人事権を握っていた。おまけに、学内では理事長から最も信頼された側近と見られていて、「理事長に万一のことがあれば次は内田」と言われていたほどの実力者だったらしい。実際、内田氏に「大学の職員は誰も意見を言えない」状況だったという日大関係者の証言もある。当然、その権力も影響力も半端ではなかったはずで、選手やコーチを恐怖で支配するのは簡単だったはずだ。

こういう状況にどっぷりつかっていると、どうしても（2）強い特権意識を抱きやすい。この特権意識は、理事長の側近であることによって強化された可能性が高い。「理事長の後ろ盾さえあれば少々のことは許される」と日頃から思っていたからこそ、「黒いものでも、自分が白と言えば白になるはず」と考えて、会見でも関学大への回答書でも悪質タックルを選手に指示したことを否定し続けたのではないか。

このように悪質タックルの指示を終始否定したのは、（3）自己保身のためでもある。自分の地位、そしてそれに付随する収入や名誉、権力や影響力などを失いたくなかったのだろう。

もっとも、自己保身のために否定し続けたにもかかわらず、アメフト部の監督も常務理事も辞任した。そのうえ、大学の信頼を著しく損なわせたとして日大から懲戒解雇され、関東学生アメフト連盟からも事実上の永久追放である除名処分を受けた。結局、本人が最も避けたかった結果を招いたわけである。

内田氏には、（4）想像力の欠如も認められる。羽田空港での会見で、悪質タックルの指示の有無に関する質問に対して「ここでは控えたい」「文書を出す」と繰り返したことが、被害者側の怒りを一層かき立て、警察に被害届を出す事態になるとは、思ってもみなかったのではないか。

まして、宮川選手が弁護士同伴の会見で監督とコーチの指示にもとづいて反則を犯したと主張するとは、想像もしなかったはずだ。内田氏は、この選手の試合に出たいという気持ちにつけ込んでいたように見えるので、その選手が競技から引退する決意をしてまで、監督の指示があったと証言するなど、想定外だったにちがいない。
(5)甘い現状認識のせいで墓穴を掘るところもあるように見える。これは、おそらく(2)強い特権意識のせいだろう。悪質タックルを選手に指示したことを否定し続けていれば、時間の経過とともにほとぼりが冷めて、問題が収束すると軽く考えていたふしがある。だが、宮川選手の記者会見によって、目算が狂ったようだ。
(6)自覚の欠如も認められる。ここで挙げた特徴を自覚していなかったからこそ、監督に絶対服従の体質を維持しようとしたのだろうが、皮肉なことにそのせいで何もかも失った。日大アメフト部も、関東学生アメフト連盟から2019年3月末までの公式戦出場資格停止処分を受けた。
内田氏としては到底受け入れられなかったようで、解雇無効を求めて日大を提訴した。さらに、警視庁は2019年2月、傷害容疑はなかったと判断し、内田氏は不起訴になった。もっとも、日大アメフト部の監督に返り咲けるかというと、道のりは相当険しそうである。

監督の意向を「法」とみなして従うコーチ

この騒動では、内田氏の下でコーチを務めていた井上奨《つとむ》氏の言動も注目を集めた。井上氏は、内田氏と同様に日大から懲戒解雇され、関東学生アメフト連盟からも除名処分を受けた。

宮川選手は、会見で「基本的に監督と直接お話する機会はありませんでした」と述べており、選手に監督の意向を伝えていたのは井上氏のようだ。宮川選手は「井上コーチから監督に『お前をどうしたら試合に出せるか』と聞いたら、『相手のQB（クオーターバック）を1プレー目でつぶせば出してやる』と言われた」と話したが、これが事実とすれば、ラフプレーの指示があったと受け取られても仕方がない。

もっとも、内田氏も井上氏も、事前にけがをさせる目的でタックルを指示した事実は認定できなかったとして不起訴になっている。危険なタックルは、井上氏を通じて伝えられた監督の意向を宮川選手が拡大解釈した結果起こったと認定されたわけだが、私としては納得できないものを感じる。

警視庁が不起訴にしたのは、部員や関係者など200人以上に聞き取りを行ったところ、「つぶせ」という言葉はアメフトで日常的に使われており、「激しく当たれ」「思いっきりプレーしろ」という意味で、必ずしも「けがをさせろ」という指示ではないことが判明したからだという。そのため、「けがをさせろという意味だと認識した」と説明した宮川選手の受け止め方の問題として片付けられた。

しかし、宮川選手が「つぶせ」という言葉を、アメフト部での普段の会話以上に重く受け止め、実際にけがをさせた背景に何が潜んでいたのかを見逃してはならない。

宮川選手は「(井上コーチから)『相手のQBがけがをして秋の試合に出られなかったらこっちの得だろう、これは本当にやらなくてはいけないぞ』と念を押され、追い詰められて悩みました」と告白している。「相手のQBがけがをして秋の試合に出られなかったらこっちの得」というのは、実は監督の内田氏の意向だったのではないか。必ずしも監督が口にしていたわけではないかもしれないが、その意向を忖度した井上氏が「法」

として忠実に実行しようとした可能性は十分考えられる。

しかも、監督の意向という「法」に自分自身が従うだけでなく、部下である選手も従わせようとした。したがって、典型的なアイヒマン的コーチであり、第1章で指摘した3つの要因が認められる。

まず、監督の意向という「法」に無批判に服従したのは、コーチから外されたくなかったからで、自己保身のためだろう。また、こうした無批判的服従は、自分自身では何も考えようとしない思考停止と表裏一体であることが多い。もしかしたら、アイヒマンと同じく〈思考すること〉ができないのかもしれない。

さらに、「相手のQBを1プレー目でつぶせば出してやる」などと宮川選手に言えば、試合に出られないことに不安を募らせ、試合に出してもらうためなら何でもするつもりだった彼がどういう反応をするかに想像力を働かせることもできなかったように見える。どういう反応をするかがわかっていて、こんなことをあえて言ったのなら、かなりの知能犯だが、井上氏はそういうタイプではなく、監督の意向を忠実に伝えたにすぎないと私は思う。

つまり、内田氏という独裁的監督が日大アメフト部で長期間君臨できたのは、井上氏のようなアイヒマン的コーチが周囲にいたからである。いや、むしろアイヒマンになれないコーチは排除され、結局アイヒマン的コーチしか残らなかったのではないか。

しかも、アイヒマン的コーチは、点数稼ぎのために監督の意向を「法」として選手に押しつけようとする。そういう体質が土壌としてあったからこそ、この悪質タックル問題は起こったのであり、起こるべくして起こったといえる。

日本ボクシング連盟のこわもて終身会長

日大アメフト部の悪質タックルを生み出したのは、勝利至上主義の呪縛のように私には見える。どうしても勝ちたい、勝たなければならない、そのためには何をしてもいい、何をしても許されると思い込んだからこそ、反則を犯して相手チームの選手にけがを負わせる事態にまでなったのではないか。

この勝利至上主義は、日本のスポーツ界全体に蔓延しているようだ。それが、ボクシング界の不祥事でもあらわになった。日本ボクシング連盟の終身会長を務めていた山根明氏が、2018年7月、アスリート助成金の流用疑惑で「日本ボクシングを再興する会」から告発されたのだが、それ以外のさまざまな不祥事も暴かれ、「奈良判定」という言葉が話題になった。この言葉は、「2018ユーキャン新語・流行語大賞」にもノミネートされている。

「奈良判定」とは、高校ボクシング界でささやかれていた言葉である。以前から奈良県の選手に有利な判定が多く、「相手が奈良だと気絶させない限り勝てない」とまで言われていたらしいが、これは山根氏がかつて奈良県ボクシング連盟の事務局長を務めていたことと密接に結びついているという。つまり、自分とつながりの深い奈良県連の選手が勝てるように「判定操作」をしていた疑いがあるわけで、事実とすれば由々しき事態である。

この「奈良判定」をめぐる疑惑もそうだが、山根氏が自分とつながりの深い組織や人物を優遇してきたことが告発の対象になった。たとえば、公式戦では、山根氏と関係の深い店で検定を受けたグローブしか使えず、その店では市販品に〈検定済〉のシールを貼っただけで、市場価格より2、3割も高く販売していたと告発人のひとりが証言している。

また、家族を優遇したのではないかとも報じられた。まず、2012年のロンドン五輪で日本勢48年ぶりとなる金メダルを獲得した村田諒太選手の決勝戦の際、山根氏の命令でセコンドを急遽山根氏の息子に代えたという。村田選手は異を唱え、「なんでこんな素人がセコンドにつくねん」と怒ったが、山根氏は頑として聞き入れなかったらしい。

さらに、ボクシングの名門校として知られる近畿大学の監督は、近大OBが務めるのが慣例だったのに、OBでもない孫婿が山根氏の口利きで監督に就任したのではないかという疑惑が報じられたことも過去にある。ちなみに、この孫婿は、2017年7月、女子部員に対するセクハラが発覚して、連盟から除名処分を受けている（後に手続き不備により無効）。

こうした告発や報道から、山根氏には内田氏と同様に先ほど挙げた6つの特徴があるように見える。山根氏は、暴力団元組長との交友関係を自ら認めたことが決定打となり、スポーツ庁長官からも辞任を求められて、会長を辞任せざるを得なくなったが、暴力団との関係をにおわせるような発言をしたのは山根氏自身である。

数々の疑惑が報じられ、それに対して山根氏がメディアで積極的に反論した。その中で、「僕は元暴力団組長に脅迫されてるんですよ。山根が3日以内に引退しなかったら過去の経歴をバラすぞ、と」という言葉が出てきた。そして、この元暴力団組長が取材で「(山根氏とは)50年来の付き合いで、弟みたいな関係」であり、「山根は、元はヤクザ。17(歳)、8、9とわしの下で、6～7年間ヤクザして。盃はかわしていないが」と話した。山根氏自身も、「反社会勢力の人間と交際があったことは事実」と認めた。

さらに、山根氏がボクシング連盟で「わしの兄貴は○○(元組長)だ!」と元組長の名前を出すこともあったと、この元組長は証言しているので、自分のバックに暴力団がついていることをほのめかすようなところが山根氏にはあったのではないかと私は思う。何のためにこんなことをするのかといえば、ボクシング連盟のメンバーを(1)恐怖で支配するためだろう。

そのうえ、自分の意にそぐわないと恫喝したり、役職から強引に外したりすることもあったと、山根氏のかつての部下で「日本ボクシングを再興する会」の会長が証言している。「代表から外すぞ」とコーチに言ったとの話を聞いた選手もいる。いずれも事実とすれば、やはり恐怖で支配するためだろうが、山根氏のこわもての風貌が恐怖を与えるのに有利に作用したことは否めない。

また、先ほど挙げた「奈良判定」や家族の優遇をめぐる疑惑が事実とすれば、「自分は終身会長という特権的な立場にいるのだから、少々のことは許されるはず」という（2）特権意識が強いと考えられる。

この特権意識は、「私は歴史に生まれた歴史の男」「自慢話になってしまうが、世界の山根、カリスマ山根、アマチュアボクシングの世界のコーチ、監督に聞いてくれたらええ。山根の名前はとどろいとる」といった発言からも透けて見える。

（3）自己保身も相当強そうだ。というのも、告発された当初、山根氏は数々の疑惑を否定したからだ。「奈良判定」については、「あるわけない」と話しているし、孫の夫が近大ボクシング部監督になったのも「会長の推薦ではない」と答えている。また、元組長との付き合いも何ら問題はないと主張した。いずれも自己保身のためだろうが、それが世間に受け入れられると思っていたのなら、（5）甘い現状認識も認められる。

しかも、反社会勢力の人間との交際に厳しい目が向けられるご時世に、暴力団との関係をにおわせるようなことを自分から口にしたのだから、自分の発言がどう受け止められ、どんな影響を及ぼすかに考えが及ばず、無頓着だったように見える。これは、（4）想像力の欠如と（6）自覚の欠如によるのだろうが、その結果墓穴を掘ったのだから、自業自得といえる。

ヒトラー学長の暴走

内田氏や山根氏のように恐怖で支配して、組織を自分の思い通りに動かそうとするトップはどこにでもいる。こういうタイプは、しばしば自分のバックに〝偉い人〟や〝怖い人〟がついていることをほのめかして、実際よりも過大な自己イメージを周囲に与え、恐怖をかき立てようとする。

内田氏の場合は日大の理事長、山根氏の場合は暴力団がバックについていることをにおわせたところがあるように見受けられる。いわば虎の威を借る狐になって、巧妙に支配したわけである。

私がかつて勤務していた私立大学の学長もこのタイプで、われわれは陰で「ヒトラー学長」と呼んでいた。もっとも、この学長自身が「私はヒトラーの快感を味わっている」と学会や研究会で豪語していたそうなので、必ずしも陰口とはいえないだろう。

この学長は、若い頃ドイツでハイデッガーに直接会ったことがあるというのが自慢の種の哲学者で、とある名門国立大学の教授を務めていたのだが、定年退官後にその私立大学の学長に就任した。

それまでは私立の短大だったところに4年制大学を新設するに当たって学長として招かれたわけで、国立大学での教え子を何人か連れていった。私も、専門分野は違うが、国立大学の大学院で博士論文を提出した際、学長が審査委員のひとりだったこともあって、心理学の講座をつくる計画があったその私立大学に就職した。当時、私は病院に勤務していたのだが、「病院は忙しくて、研究をしたり論文を書いたりする時間はあまりないでしょうが、大学だったらそれができますよ」という言葉を信じたからである。

問題は、大学で常勤ポストを見つけるのが困難なご時世に就職の世話をしてやったのだから、教え子は自分の言うことを聞いて当たり前と思っていたふしがあることだ。そういう感覚が、「私はヒトラーの快感を味わっている」という発言につながったように思われる。

しかも、短大から4年制大学を立ち上げたわけだから、知名度も偏差値も低かった。そのため、学生集めに時間と労力を費やさなければならず、高校訪問や地方入試で忙しかったが、これは定員割れをどうしても防ぎたかった学長が盛んにはっぱをかけたことによる。当然、自分の専門分野の研究や論文執筆に割ける時間が病院にいた頃と比べてそれほど増えたわけではない。それなのに給料は減ったので、私としてはだまされたという思いを払拭できなかった。

そう思ったのは私だけではなかったようで、学長が国立大学から連れてきた教え子の多くは不満を抱いていた。もちろん、哲学の分野は、大学で常勤ポストを得るのが他の分野よりも一層難しいので、感謝の気持ちがなかったわけではないようだが、それでも手駒としてこき使われ、朝令暮改の命令に振り回されることに耐えられず、愚痴をこぼしていた。何とか研究業績を上げて、もっとレベルの高い有名大学に移りたい、できれば母校に戻りたいという声もしばしば聞いた。

そういう雰囲気を察知したのか、学長は教授会で「学会で□□大学の学長と久しぶりに会って、一緒に飲んだ」とか「文部科学省に行ったら△△大学の学長と会って、よその大学の現状を聞いた」という類いの話をしきりにするようになった。それだけでなく、マスコミへの露出も著書も多かった有名な哲学者や心理学者との交友をひけらかすこともあった。

もちろん、他大学の学長や有名な学者と知り合いだという人脈を誇示したい欲望もあったのだろうが、それだけではないように私の目には映った。「自分は他大学の学長や有名な学者とツーカーの仲だから、この大学を辞めてよそに移りたいと思っても、そんなことはできない」と脅しをかけているのではないかと勘ぐらずにはいられなかった。

こんなふうに勘ぐったのは、この学長が教授会で「割愛願いが届いても、承諾書を出せない場合もある」などと発言するようになったからだ。割愛願いというのは、教員が他大学に異動する際に、異動先の大学が、異動元の大学宛てに公式に出す、「おたくの○○先生を、うちの大学にください」という書類である。

割愛願いが届き、その教員の異動が教授会で了承されると、割愛願いに対する承諾書が異動元から異動先に送られ、ようやく正式に異動が決定する。割愛願いに対する異動元の了承がなかなか得られないと、もめることもあるのだが、その承諾書を学長の一存で出さない可能性に言及したわけである。

割愛願いというのは私立大学では慣習的なものにすぎないし、それを学長の一存で出さないことが法律上許されるのかどうかも疑問だ。ただ、そういう話を聞くと、たとえ教員公募があっても、履歴書や研究業績書を送るのをためらう教員もいるだろう。誰だって、もめるのは嫌だし、もめたことが広まったら研究者としての将来が閉ざされてしまうのではないかと恐れるからだ。

そういう恐怖を巧妙にかき立て、相手の動きを封じることによって、自らの支配欲求を満たそうとしているのではないかと私は危惧せずにはいられなかった。

やがて、私の危惧が現実になった。ある男性教員が、もっとレベルの高い別の有名大学に週1回非常勤講師として教えにいっていた。すると、その大学の学科長から、今度教員公募があるので書類を提出するよう勧められ、うれしくてたまらず、そのことをつい大学の同僚に漏らしてしまったらしい。その話が回り回って学長の耳に入ったのか、学長は激怒した。

しかも、驚いたことに、公募に応募するよう勧めた学科長、その上司の学部長、さらには学長にまで直接電話して、「おたくの大学は、非常勤で教えにいっている教員を引き抜くんですか。そんなことをするんだったら、うちの大学からは非常勤講師は一切出せない」と怒鳴りつけた。結果的に、彼のステップアップの話は流れた。

この教員は、例の国立大学の大学院で指導教授とうまくいかず、途方に暮れていたとき、別の学部の教授だった学長に相談してドイツの大学への推薦状を書いてもらい、留学して博士号を取得したという。だから、学長からすれば、「救ってやったうえ就職の世話までしてやったのに、その恩を忘れてよその大学に移るなんてけしからん」という気持ちだったのかもしれない。

だが、彼の将来のためを思えば、ステップアップを認めて気持ちよく送り出し、彼の後輩に当たる若い研究者を雇えばすんだ話なのではないか。大学院の博士課程を修了しても就職先がなく、非常勤講師をかけもちして食いつないでいる優秀な研究者はいくらでもいるのだから。

辞任に追い込まれたヒトラー学長

この騒動があってから他の教員も恐怖を抱いたのか、他大学の公募の情報をつかんでも、書類を提出するのをためらうようになった。人脈をひけらかし、他大学にも影響力を及ぼせることをほのめかす学長の戦略は成功したかに見えた。

しかし、しばらくして、遠方の某大学から例の教員の割愛願いが突然大学に届いた。その大学で公募があると聞いて書類を提出したが、教授会で人事が正式に決定するまで黙っていたらしい。先方の担当者に割愛願いへの承諾書が出ない可能性もあることを伝えており、それでも先方は彼を採用するつもりだったようだ。そのため、学長は渋々承諾書を出した。もちろん、教授会で「こんな礼儀知らずのことをする教員には、もうこの大学にいてほしくありません」と嫌みを言ったうえでだが。

彼がステップアップに成功してから、割愛願いに対する承諾書を出せない云々という学長の話は脅しにすぎず、先方の大学の教授会で決定するまで黙っていればうまくいくことにみな気づいた。翌年、私自身も別の大学に移った。

それ以降も、その大学に残っていた教員からときどきメールが送られてきて、実情を知ることができた。教員流出は止まらなかったが、常勤ポストを見つけるのに苦労している研究者が非常に多いため、空いたポストを埋めるのはそれほど難しくなかったようだ。

問題は、「～を研究している教授はバカばかり」という暴言を、その専門家として有名な教授の前で吐いたり、教授会での決定事項を自分の一存で覆したりする学長の暴走が止まらなかったことだ。また、美大でもないのに、画家の娘婿を教員として採用したり、大学案内の作成を娘とつながりの深い会社に依頼したりする私物化もあったが、誰も何も言えなかったらしい。

学内だけならまだしも、学外でも目に余る言動が目出つようになった。たとえば、偏差値がなかなか上がらないことに業を煮やし、大手予備校に電話して「おたくがうちの大学に低い偏差値をつけるのは営業妨害だ」と抗議したという。偏差値が低いのは、入学志願者が減り続け、常に定員割れの危機に瀕していたからなのだが、そういう現実を受け入れられなかったのだろう。

やがて、耐えきれなくなった教員がクーデターを起こした。ひそかに署名を集めて、代表者が理事長に「あの学長の下では働けません。このままだと大学がつぶれるかもしれません」と直訴し、数々の暴言や私物化の実態を告発したのだ。

山根氏が元部下から告発されたのと似た経緯である。この学長も、内田氏や山根氏と同じく告発された暴言や私物化を否定し、理事会で「沈みかけた船でも、最後までとどまるのが船長の務め」と主張して、学長の座にとどまろうとしたらしい。

しかし、理事のひとりで、学長が交友関係をひけらかしていた有名な学者から引導を渡され、辞任に追い込まれた。ちなみに、この有名な学者は「(学長は)悪い人間ではないから、本人がやりたいと言うのなら、もうちょっとやらせてみてもいいのでは」とかばおうとしたが、他大学に電話して怒鳴りつけたとか、予備校に「営業妨害だ」と抗議したとかいう話を聞いて、さすがにかばいきれなくなったという。何よりも、経営者である理事長が、このまま教員流出と志願者減少が続けば、本当に大学がつぶれるのではないかと危機感を募らせたことが大きかったようだ。

ヒトラー学長にも認められる6つの特徴

この学長には、内田氏や山根氏と同様に、先ほど挙げた6つの特徴が認められる。まず、自分のバックに〝偉い人〟がついていることをほのめかして、教員を(1)恐怖で支配しようとした。

また、数々の暴言や私物化も、他大学や予備校への電話での抗議も、「自分は名門国立大学で教授を務めていて、今は学長までやっている特別な人間だから、少々のことは許されるはず」という(2)強い特権意識のせいと考えられる。

山根氏が終身会長だったからこそ強い特権意識を抱いて暴走したのと同じメカニズムである。このふたりは学歴も経歴も異なるが、肩書の過大評価が強い特権意識につながった点ではそっくりだと思う。

当然、特権意識を支えている学長という肩書を失いたくないという気持ちが強く、(3)自己保身も強くなる。この学長の自己保身は、部下には暴言を吐き、朝令暮改の命令で振り回していたのに、自分の大学の理事長や理事、他大学の学長や有名な学者には温厚な〝いい人〟の顔を見せていたという二面性に端的に表れている。

だからこそ、理事を務めていた有名な学者が「悪い人間ではないから」とかばおうとしたのだろうが、こうした二面性は、栗原勇一郎被告にも認められる。勇一郎被告は、職場では真面目で無遅刻無欠勤であり、周囲から穏やかと見られていたし、心愛さんが通っていた小学校でも腰が低く丁寧な保護者の顔を見せていた。ところが、虐待を疑う学校や行政には威圧的な態度を見せ、強い恐怖を与えていたわけで、これは自己保身のためと考えられる。もしかしたら、内田氏と山根氏も、外面はよかったのかもしれない。

自分の言動がどれだけ怒りや反感を買うかに考えが及ばない（4）想像力の欠如も認められる。それがとくに顕著に表れていると私が思うのは、大手予備校に電話して「低い偏差値をつけるのは営業妨害だ」と抗議したことだ。

偏差値は、模擬試験の結果や志願者動向などにもとづいて出しているので、抗議したからといって偏差値が上がるわけではない。第一、抗議したくらいで偏差値が上がるのなら、そういう予備校の出している偏差値は信用できないだろう。

「営業妨害だ」と抗議して怒鳴れば、むしろ怒りと反感を買い、進路指導の際に自分の大学を受験することを勧めてもらえないかもしれない。最悪の場合、「あそこはやめといたほうがいい」と受験させないようにする可能性も考えられる。そういう可能性に思いが及ばないのは、名門国立大学に定年まで勤めていて、何もしなくても多くの受験生が集まってくるのが当然の環境にいたからではないか。

その点では、(5)甘い現状認識も認められる。この学長は、「旧制高校があった頃のような教養教育を復活させることこそ教育の理想」と言い出し、それに沿ったカリキュラムをつくらせ、大学案内にも書かせた。たしかに「教養教育」は大切だが、旧制高校は当時のエリートの集まりで、レベルが高かったからこそ、「教養教育」が有効だったことは否定しがたい。

偏差値も知名度も低い大学が「教養教育」をぶち上げても、受験生を集めるのは難しい。資格が取れたり、就職に有利だったりする実利的な面で惹きつけなければ、受験生からも保護者からもそっぽを向かれるだろう。実際、学長が理想論を唱え続けているうちに、受験生はどんどん離れていった。

それでも、学長は現実を直視しようとしなかった。むしろ自分の方針を正当化し、受験生の減少を入試部長をはじめとする部下のせいにして暴言を吐き続けた。その結果、たまりかねた教員がクーデターを起こしたのだから、トップとしての（6）自覚の欠如も認められる。

「イネイブラー」になっているイエスマン

見逃せないのは、ヒトラー学長の周囲にいたイエスマンとの相互作用が暴走に拍車をかけたことである。学長が名門国立大学の名誉教授で、4年制大学立ち上げの功労者だったからか、「あんないい大学で教授を務めていた先生が変なことをするはずがない」「ブルドーザーみたいな学長がいなければ4年制大学にするのは無理だった」などと言うイエスマンが何人かいた。

こうしたイエスマンは、学長からどれだけ無理難題を要求されても、朝令暮改の命令で振り回されても、学長は〝偉い人〟だからという理由で、無批判に服従した。もっとも、そうせざるを得なかった事情もあるように見受けられた。

というのも、もともと短大にいた教員は研究業績がそれほどあるわけではなく、他大学に移ろうと思っても無理だったからだ。また、4年制大学になってから勤務するようになった教員でも、研究業績がそれほどなかったり、教員の募集がほとんどない専門分野だったりすると、この大学にしがみつくしかなく、そのためには学長に無批判に服従するのが賢明と考えたようだ。結局は自己保身のためなのだが、それを認めたくなくて、学長は〝偉い人〟だからという理由をつけて無批判的服従を正当化したふしもある。

この手のイエスマンは、アイヒマンのようになりやすい。これは学長にとっても好都合だったのか、自分の周囲にイエスマンばかり集め、自分の方針に異を唱えたり、批判したりする教員を遠ざけた。

そのうえ、イエスマンばかりで構成された執行部をつくり、執行部であらかじめ決めた議題しか教授会に提出できないようにした。執行部にはイエスマンばかり集められていたのだから、教授会で議論されるのは、だいたい学長の提案だった。それに対して反対意見を述べるとにらまれるのではないかという恐怖から、誰も何も言わなくなり、学長の提案がほぼ100%通るようになった。

一方、こういう状況はイエスマンにとっても好都合だったようだ。なぜかといえば、イエスマンは研究費や出張費などの面で優遇され、役職も与えられたからだ。もちろん、役職に就けば学長に振り回されるのだが、それでも単なる教授や准教授というだけでなく、肩書に〝長〟がつくことに魅力を感じる教員もいた。

このようなヒトラー的支配者とアイヒマン的イエスマンとの相互作用を間近で観察していて、アイヒマン的イエスマンが「イネイブラー（支え手）」になっているという印象を抱かずにはいられなかった。

「イネイブラー」は精神医学の用語であり、アルコールや薬物の依存症者の周囲にいて、アルコールや薬物の購入資金を渡したり、不始末の尻拭いをしたりする人物を指す。この「イネイブラー」は実は依存症を悪化させる役割を果たしているのだが、本人はそのことに気づいていない。しかも、共依存に陥っている場合も少なくない。

内田氏も山根氏もそうだが、独裁的支配者はしばしば「権力依存症」に陥っており、自分の周囲に「イネイブラー」になりうるイエスマンばかり集めたがる。第1章で取り上げた東芝やスルガ銀行でも、トップが周囲にイエスマンばかり集めていたのではないか。

そういう場合、恐怖で支配しながら、同時に自分の言うことを聞くイエスマンにはアメを与えることが多い。つまり、アメとムチによって支配しようとするわけで、洗脳に近いことをする場合もある。この洗脳については次の章でくわしく分析したい。

第3章　なぜヒトラーになれたのか

あまりパッとしなかった

見逃せないのは、第2章で典型的な独裁的支配者として取り上げた内田氏も山根氏もある時期まではあまりパッとしなかったということである。

まず、内田氏は、日大の付属高校から日大に進学しアメフト部に入ったものの、選手としての実績は芳しくなかったようだ。何しろ、現役アメフト部員時代〝日大史上、一番ヘタクソなセンター〟と呼ばれていたらしい。そのため下級生にもなめられていたのか、4年生のときに1年生からボコボコに殴られたこともあったという。

卒業後日大職員となり、44年間日大アメフト部を率いて黄金期を築いた伝説的な監督、故篠竹幹夫氏の下でコーチとして働くようになった。そして、篠竹氏の後を継いで2003年に監督に就任したのだが、前任者ほどの求心力は内田氏にはなかったようだ。

その一因として、生涯独身だった篠竹氏が学生寮に選手とともに住み、毎日グラウンドに足を運んで1日24時間をアメフトに捧げていたのに対して、内田氏は週に何日かしか練習に現れず、選手とはほとんど口をきかなかったことがあるかもしれない。

そのせいか、2003年に監督に就任した内田氏が率いる日大アメフト部は、大学日本一を決める甲子園ボウルに5度出場したが、21度目の日本一に輝いたのは2017年であり、それまでは優勝とは縁がなかった。だから、内田氏は篠竹氏の厳しさと暴力的な体質という負の遺産しか受け継がず、結局篠竹氏にはなれなかったと辛らつな見方をする向きもあるようだ。

山根氏に至っては、実はボクシング経験がないのではないかという疑惑さえささやかれていた。この疑惑に対して、山根氏はインタビューで「父親がボクシング経験者で、幼い頃から鍛えられてきましたから」と主張している（『週刊大衆』2018年10月8日号）。

さらに、「1956年に難波の大阪府立体育館で開催された東洋バンタム級タイトルマッチで、レオ・エスピノサと大滝三郎が戦ったんです。その前座で、リングに上がらせてもらっているんですよ」と実戦経験があることを強調し、「その試合をリング脇でプロレス界のスーパースター・力道山が観戦していてね」と付け加えることも忘れていない（同誌）。

山根氏は「当時は無国籍状態だったので偽名でした」（同誌）と語っており、この話が事実かどうかを確認するのは難しい。たとえ事実としても、選手としてはあまりパッとしなかったようだ。というのも、このデビュー戦が事実上の引退試合となったからだ。

山根氏は続けて次のように述べている。

「試合当日、私は高熱があって、フラフラな状態でした。それでも父は棄権させてくれなかったので、無理やりリングに上がったんですよ。でも、やはり試合ができる状態ではなかった。めまいがしてきて、結局、3ラウンドの終わりで棄権しました。病院に行ったところ、肺結核だったんです。当時、肺結核で死ぬ人が大勢いた中、不幸中の幸いにも、私は1年半入院して生き延びることができました」（同誌）。

肺結核に罹患するという不運に見舞われたこともあって、その後山根氏は父親の仕事を手伝いながら、選手たちをサポートする立場でアマチュアボクシングに携わっていたという。それと並行して暴力団関係者との付き合いもあったようで、第2章で取り上げた元組長は、「山根は私の舎弟でした。正式に盃は交わしていませんが、私の組であるM組に出入りしていたことは紛れもない事実です」と証言し、「仕事は私の使いっ走りをさせていました」とも述べている（『FRIDAY』2018年8月17／24日号）。

「使いっ走り」をしていたというのは、内田氏との重要な共通点である。内田氏についても、篠竹氏の下でコーチをしていた当時、日大の保健体育事務局の幹部だった田中英壽氏（現日大理事長）にかわいがられ、「内田さんは田中さんの言うことをなんでも聞いて、毎日のように使い走りをしていた」という日大関係者の証言があるからだ（『FRIDAY』2018年6月15日号）。

このような権力者への徹底的服従は、第1章でも指摘したようにアイヒマン的凡人の特徴のひとつである。ふたりとも、当時はあまりパッとしなかったので、強い者に平身低頭することによって自己保身を図ろうとしたのかもしれない。あるいは、「使い走り」をした経験が功を奏して、その後頭角を現すことができたのかもしれない。いずれにせよ、あまりパッとしなかったアイヒマン的凡人がその後独裁的支配者になったわけで、注目に値する。

ヒトラー的支配者になれた理由

　問題は、あまりパッとしなかったアイヒマン的凡人が出世して、強い権力と影響力を持つヒトラー的支配者になれたのはなぜかということである。企業でメンタルヘルスの相談に乗っていると、こういう疑問を耳にすることが少なくない。

　パワハラ上司に悩まされている社員の多くは、「なぜあんな人が偉くなれたんでしょうか？　そんなに仕事ができるわけでもないし、たいして人望があるわけでもないのに」と疑問を投げかける。そして、「でも、ゴマすりがうまくて、上の方には気に入られているみたいなので、パワハラを訴えても取り合ってもらえないんですよね」と嘆く。

　この疑問を解き明かす鍵は、次の3つである。

（1）無批判的服従
（2）洗脳
（3）〈例外者〉

無批判的服従

まず、強い者や目上の者には逆らわず、無批判に服従することが大きい。

篠竹氏が監督だった時代、日大アメフト部では口答えなんてできなかったそうなので、そういう雰囲気に内田氏も順応したのかもしれないが、それだけではない。保健体育事務局の幹部だった田中氏にも無批判に服従し、嫌がらずに「使い走り」をしていたことが、有利に働いたはずだ。何しろ田中氏はその後理事長にまで出世したのだから、そういう後ろ盾があることが内田氏の権力と影響力を補強するのに役立ったのではないか。

山根氏も、暴力団で「使いっ走り」をしていたらしいので、誰に対してもこわもてで対応するわけではなく、強い者や目上の者には逆らわずに従うのが賢明という計算ができるのだろう。だからこそ、奈良県ボクシング連盟に所属する以前の経歴が不明でも、ボクシング界のドンにのし上がれたのだ。

似たようなことは、普通の会社でも少なくない。それほど能力が高いわけでもなく、図抜けた実績があるわけでもないのに出世していく社員はどこにでもいるが、たいてい上司に逆らわず、無批判に服従する。それどころか、上司の意をくみ、ゴマをする。その甲斐あって上司に気に入られ、かわいがられる。やがて上司に引き上げられ、出世していくわけである。

無批判に服従する部下は都合がいい

なぜそういう事態になるのか？　これはひとえに無批判に服従するアイヒマン的部下を引き上げる上司の問題である。この手の部下を上司が重用するのは主に2つの理由によると考えられる。

まず、自分に逆らわず、自分の意向を忖度して行動し、ときにはゴマをすってくれる部下は都合がいいので、そういう人間ばかり引き上げる。

たとえば、東芝の16代目社長の佐々木則夫氏は、原子力事業でロシア政府と交渉するためモスクワに乗り込んだ際、コートを持っていかなかった。ところが、11月のモスクワは厳寒なので、佐々木氏は「11月のモスクワがこんなに寒いなんて、俺は聞いてないぞ」と言った。すると、同行していた部下が慌ててデパートに駆け込み、佐々木氏のためにコートを買ったという（『東芝―原子力敗戦』）。

このエピソードについて、ジャーナリストの大西康之氏は「どこにでもあるサラリーマン喜劇だが、こうした体質が東芝の原子力事業を暴走させ、『チャレンジ』という名の『粉飾』を助長した」（同書）と述べている。その通りであり、典型的なアイヒマン的部下だと思うが、こういう部下と一緒の海外出張は佐々木氏にとってさぞ居心地がよかっただろう。

ちなみに、この部下は佐々木氏に引き上げられて出世し、佐々木氏の口癖だった「そんなのはゼロ点だ」を連発するうるさい上司になったため、社内では「佐々木のパワハラ体質を引き継いだ」とみなされていたらしい（同書）。

もしかしたら、佐々木氏も若い頃は上司に無批判に服従する部下だったのかもしれない。第1章でも取り上げたが、第三者委員会の調査報告書が指摘したように「上司の意向に逆らえない企業風土があった」わけだから、佐々木氏がアイヒマン的部下だったとしても不思議ではない。そして、佐々木氏が引き上げられた一因に、その無批判的服従が上司にとって都合がよかったということもあるのではないか。

デキる部下に対する上司の嫉妬

もうひとつの理由として考えられるのは、上司の嫉妬である。無批判的服従を貫く部下は、実はあまりパッとしないことが多い。これは、革新的なアイデアを思いつくことも、突出した成果を上げることも、リーダーシップを発揮することもできないので、何も考えずただ服従することが最大の自己保身になるからかもしれない。

こういうパッとしない部下を側に置きたがる上司はどこにでもいる。決して脅威にならず、自分の言うことを聞く部下が側にいると居心地がいいからだ。そのうえ、ときには自分の引き立て役になってくれる。

逆に、デキる部下が敬遠されることは少なくない。これは、輝かしい成果を上げ、目立つ部下に対して、上司が嫉妬を抱き、自分のポジションを奪われるのではないかという不安にさいなまれるせいだろう。

もちろん、優秀な部下を自分の下に置いて成果を出したいという欲望はどんな上司にもあるはずだ。ただ、その部下のおかげで成果を上げることができても、部下の功績が上司の上司にも認められ、ほめられるようになると、上司は自分のポジションが脅かされるのではないかと不安になり、警戒心を抱く。

なかには、部下の功績をあたかも自分のものであるかのように吹聴する上司もいれば、部下のあら探しをして些細なミスや失敗をことさら厳しく叱責し、その功績を帳消しにしようとする上司もいる。

何と器の小さい上司かと驚かれるかもしれないが、こういう上司を私もたくさん見てきた。たとえば、第2章で紹介したヒトラー学長は、自分と同じ名門国立大学で教授を務めていた人物を定年後に教授として招聘したのだが、執行部には決して入れなかった。

もちろん、この教授がイエスマンではなく、ときには苦言を呈することもあったからだろうが、それだけではない。むしろ学長のポジションを奪われるのではないかという不安のほうが強かったようだ。

この教授は、学長と同じく名門国立大学の名誉教授で、輝かしい研究業績があった。

何よりも、人望があった。だから、この教授を学長に担ぎ上げる動きを警戒していたらしい。

　もっとも、クーデターが起こってヒトラー学長が大学から追放された後、この教授は理事長から懇願されて学長に就任したという。だから、ヒトラー学長の警戒心は必ずしも杞憂とはいえない。こういうことが実際に起こりうるからこそ、執行部に入れなかったのかもしれない。

　このように有能な人物を自分から遠ざける傾向は、後継者を指名する場合にもときどき認められる。大企業の秘書室に長年勤めていた女性から聞いたのだが、社長が後継者を指名する際、何らかの点で自分より劣っている部下を指名することが多かったという。学歴や実績などの点で見劣りがしたり、人望があまりなかったりして、それほどパッとしない部下を指名するのを見て、「もっと優秀な人も、もっと人望のある人もいくらでもいるのに、どうしてあんな人を指名するのか」と不思議でたまらなかったらしい。

　これは、やはり嫉妬のせいだろう。自分が社長を退いた後、後継者が業績をどんどん伸ばし、人望も集めたら、前任者の自分と比べられて「前の社長よりも今の社長のほうがやり手」「今の社長になってから社内の雰囲気がよくなった」などと言われるかもしれない。そうなったら嫌だという気持ちが無意識のうちに働く。また、あまりパッとしない部下が後継者であれば、院政を敷きやすいので、隠然たる影響力を及ぼすことができるという計算もあるのかもしれない。

もちろん、合理的に考えれば、有能な部下を後継者に指名して、自分が社長を退いた後も会社が一層発展していくほうが望ましいはずだ。第一、あまりパッとしない部下に会社の経営を任せたら、会社がつぶれるような深刻な事態を招きかねない。だが、合理性だけでは行動できないのが人間という生き物である。

合理的な思考や行動をはばむ最大の要因は嫉妬だと私は思う。この嫉妬は誰の心の奥底にも潜んでいるが、こんな陰湿な感情を自分が抱いていることを誰だって認めたくない。だから、本当はデキる部下に対する嫉妬のせいで、無批判に服従する、あまりパッとしない部下を引き上げているのに、そのことに気づいていない上司が少なくない。

しかも、こうして引き上げられて上司になった人物が同じことを繰り返す。このような連鎖の末に、日本の企業の多くがアイヒマンだらけになったのではないだろうか。

ヒトラーの洗脳

もっとも、上司に無批判に服従するだけでは、ヒトラー的支配者になるのは無理だ。無批判的服従によってある程度のポジションを得ても、それだけでは十分ではない。その後、今度は下の者を無批判に服従させることができなければ、ヒトラー的支配者にはなれない。そのためには洗脳に近いことも必要になる。

実は、ヒトラー自身もある時期まではあまりパッとしなかった。並というよりもむしろ落ちこぼれに近かったのだが、そういう男が独裁者になれたのは大衆を洗脳する術に長けていたからである。

どれほどヒトラーがパッとしなかったかというと、オーストリアの税関吏の息子として生まれた彼は、小学校でこそ全「優」だったが、その後進んだ実科学校では「明白な学業不振」に陥り、1年留年した後17歳のときに中退している（『ヒトラーという男―史上最大のデマゴーグ』）。

これは、「生来の性格に起因する持続力の欠如、系統的な学習への嫌悪」によって興味のない科目を拒否したことによる。それでは、何に興味を抱いていたのか？ 実科学校のクラスで「ずぬけて絵がうまい」という自信があったからか、偉大な芸術家になることを夢見ていた。だから、画家になるべく、ウィーン造型美術学校一般絵画科の入学試験に挑戦したのだが、不合格だった。翌年再受験するも、またもや失敗に終わっている（同書）。

打ちのめされたヒトラーは、その後遺産相続と孤児年金、そして自作の水彩画とスケッチの販売で食いつなぎ、定職には就かなかった。しかも、オーストリアで兵役から逃れようとしたので、「徴兵忌避者」として手配者リストに載せられていた。そのため、オーストリア警察から追跡されており、危険を感じたヒトラーはウィーンから逃走してミュンヘンに移住した（同書）。

しかし、それで逃げ切れたわけではない。ヒトラーは、ザルツブルクで徴兵検査を受けることになり、「身体ははなはだ虚弱、現役・予備役ともに不合格」と判定された。こうして、不安を取り除いてくれる「兵役不適格」の通知を手にしてミュンヘンに戻った（同書）。

その後、奇妙なことに、ヒトラーはオーストリア国民であったにもかかわらず、ドイツの軍隊への兵役を申し込んだ。そして、1914年11月に上等兵になり、第一次世界大戦に従軍したわけだが、大戦終結まで伝令兵のままだった。「戦友のなかで目立たず、人付き合いをしないで孤独に過ごすという彼らしいやり方で、まさに文字通りの一匹狼的な生活を送った」(同書)。

注目すべきは、大戦終結直前の1918年10月、毒ガス攻撃に遭って一時的に失明し、野戦病院に収容されたのだが、そこで28日間治療を受けて病院から出てきたヒトラーが別人のように変貌していたことだ。以前は「目立たない卑屈な」男だったのに、退院してミュンヘンに戻ったときは異様な目の光を持ったデマゴーグ(大衆煽動者)になっていたのである(『野戦病院でヒトラーに何があったのか―闇の二十八日間、催眠治療とその結果』)。

この入院中に何があったのかを知る手がかりは、アメリカ海軍作戦部課報課が1943年に発行し、戦略研究所に提出した文書にある。少々長くなるが、引用しよう。「ヒトラーの場合、(毒ガスによる中毒の)後遺症が残った形跡はまったくない。われわれが所持している数多くの写真に写るヒトラーは、つねにものにとりつかれたような、催眠にかかったような目をしてじっとにらんでいる。それは彼がお手本と仰ぐムッソリーニとおなじような目つきだ。しかし毒ガスをあびながらこのように良好な経過をたどった前例はひとつも伝わっていない。このような場合に考えられるのは次の三つのケースである。1　仮病をつかった場合　2　ヒステリーもしくは精神病質者（性格異常者）である場合　3　1と2が組み合わさった場合、つまりヒステリー患者が仮病を装ったまま長くそのままでいるということが考えられる」（同書）。

さらに、「仮病だった可能性はじゅうぶんある。だが適正な診断能力と権限をもった野戦病院の医者が下した診断は別のものだった。つまり、平時はベルリン大学神経科病院で一般医として勤務し、戦時はパーゼヴァルク予備野戦病院で神経医学主任をつとめていたフォルスター教授は、ヒトラーを〝ヒステリー症状を伴う精神病質者《サイコパス》〟と診断したのだった。このことは、もみ消そうと努力したにもかかわらず、明るみに出てしまった」と報告している（同書）。

この文書をはじめとする数多くの資料にもとづいて、ドイツの作家、ベルンハルト・

ホルストマンは「フォルスターは精神病質者《サイコパス》アドルフ・ヒトラーに催眠治療をおこなった。精神病質は治らなかったが、心因性・ヒステリー性の失明は治癒し、そのためのちの世にはかりしれない結果をもたらすことになった」（同書）と結論づけた。

毒ガス攻撃に遭ったのは事実にせよ、ヒトラーの目の傷は深刻なものではなく、きわめて軽傷だったという。また、戦場で「心因性・ヒステリー性の失明」に陥ることは少なくなく、とくに第一次世界大戦末期には珍しくなかったようだ。さらに、当時催眠治療はしばしば行われており、フロイトも催眠治療から出発して精神分析療法を編み出している。

もちろん、ホルストマンも指摘しているように、「もっぱら精神科医フォルスターの催眠がヒトラーの獣性をよびさましたとするのは、催眠の効果をあまりに過大視するものといえる」（同書）。

ただ、なぜヒトラーは野戦病院を退院してからデマゴーグへと変貌したのかという謎を解き明かすのに、催眠が重要な鍵を握っているのはたしかである。

というのも、その後のヒトラーはまるで催眠術師のように大衆を魅了したからだ。たとえば、ベルリンオリンピックの記録映画『オリンピア』を製作したことで有名なドイツの女流映画監督、レニ・リーフェンシュタールは、100歳を迎えた2002年にインタビューの中で、ヒトラーとの最初の出会いについて次のように話している。「それは私が訪れた最初の政治集会でのことでした。聴衆におよぼすヒトラーの圧倒的な力に、私は度肝を抜かれてしまいました。まるで催眠術師のように彼は聴衆をとりこにして、人々を自分の思い通りにする力をもっていたのです。それはとてもおそろしい力で、私も彼の発散する魔力にとらわれてしまいました」(同書)。

たしかに当時の記録映像で、「ハイル・ヒトラー」と叫ぶ大衆を見ると、催眠にかかっていたとしか思えない。パレードやナチ親衛隊の閲兵などでヒトラーは催眠術師の役割を見事に演じ、大衆を洗脳することに成功した。この洗脳に、ヒトラー自身が催眠治療を受けた経験が少なからぬ影響を及ぼしたことは否定しがたい。

催眠の肝は批判力を失わせること

ヒトラーがある時期まであまりパッとしなかったのはたしかにせよ、彼を凡人と呼ぶのは語弊があるかもしれない。彼は、精神科医のフォルスターから「精神病質」と診断されているし、退院後は大衆を洗脳することに成功したのだから。また、あまりパッとしなかった人が何かのきっかけで覚醒して頭角を現すようになるエピソードは、偉人の伝記にしばしば登場する。

それでも、ヒトラーが受けた催眠治療に私が注目し、かなりの紙幅を割いたのは、能力も努力も並、場合によってはそれ以下にしか見えないのに、催眠と同様の効果をもたらすことに長けているだけでのし上がっていく人物がいるからだ。内田氏と山根氏も、その類いの人物なのではないかと疑わずにはいられない。

それでは、催眠はいったいどんな効果をもたらすのか？　この点について、フロイトは、催眠とほれこみを比較し、両者の一致点として「隷属、従順、無批判」を挙げている。つまり、催眠では催眠術者に対して、ほれこみでは愛の対象に対してある程度批判力を失ってしまうので、従順になり、ときには隷属するというわけである（「集団心理学と自我の分析」）。

ここで重要なのは、いずれの場合も「自分自身の自主性は吸収されてしまっている」（同論文）ことだ。そのため、思考停止や視野狭窄に陥りやすく、判断を誤りやすい。また、催眠術者や愛の対象を実際よりも高く評価することになりやすい。

こうした過大評価は、催眠と同様の効果をもたらそうとする側からすれば、非常に都合がいい。自分を実物よりも大きく見せることができるうえ、何をしても批判されずにすむのだから。

コーチを外された経験から「攻撃者との同一視」に

もちろん、内田氏と山根氏が催眠治療を受けたことがあるとか、会得していたとかいうことは考えにくい。また、催眠と同様の効果をもたらすことをもくろんでいたとも思えない。むしろ、催眠をかけた場合と同様に批判力を失わせ、思考停止と視野狭窄の状況をつくり出すことに期せずして成功したように見える。

それでは、そういう状況をつくり出せたのはなぜか？　まず、内田氏は、外されることが選手とコーチをどのような精神状況に追い込むのか、自分自身の体験からよくわかっていたので、それを利用した可能性が高い。

日大アメフト部のあるOBは「内田は前任の篠竹（幹夫）監督時代に長らくコーチをやっていましたが、後輩思いの良い指導者でした。篠竹監督は無理難題を課すことも少なくなかった。そんな時でも内田は、〝聞き流しとけばいいからな〟とアドバイスしていたほど。でも、一度コーチを外され、その後に再びコーチとして戻ってきてから、無茶な要求を出す今のスタイルに変わってしまったんです」と証言している（『週刊新潮』2018年6月7日号）。

おそらく、コーチを外されたことがよほどこたえたのだろう。この経験から、選手とコーチを支配するにはどうすればいいのかを学んだのではないか。選手に対しては試合に出さない、コーチに対しては外すというムチでたたいておけば、選手は試合に出してもらうためなら、コーチは使ってもらうためなら何でもするという心境になりやすい。

そこにつけ込み、「監督の言うことは絶対だった」という体質をつくり上げたわけで、第1章で取り上げた「攻撃者との同一視」というメカニズムが働いている。

コーチを外された経験は屈辱的であり、もう使ってもらえないのではないかという不安や恐怖にさいなまれたはずだ。だからこそ、コーチとして戻ってきてから、篠竹監督に無批判に服従し、同じスタイルで指導するようになった。自分がやられて嫌だったことを、今度は目下の相手に繰り返して、自分が屈辱を味わった経験を乗り越えようとしたわけである。もっとも、その自覚が本人にあったとは思えない。むしろ、「自分もやられたのだから……」と正当化した可能性が高い。

見逃せないのは、そうすることによって支配欲求も満たせたことだ。内田氏の支配欲求の強さを物語るのが、格下チームとの試合でハーフタイムに主だった選手をロッカールームに呼び、「お前ら自分たちで殴り合え」と言って、殴り合わせたエピソードである。チームメイトを思い切り殴れるわけがないが、それを見て内田氏は「もっと思い切りやれ」と指示したという（同誌）。

こんなことを選手にさせれば、けがをして後半に出られなくなる危険性だってある。

にもかかわらず、士気を高める効果があるのかないのかわからない意味不明のことをさせたのは、選手が何も考えず、監督である自分の言うことを聞くようにしたかったからではないか。

おまけに、内田氏が日大の理事長から最も信頼された側近であることは学内では周知の事実だった。そのため、理事長の後ろ盾が、内田氏を実際以上に大きく見せたことは想像に難くない。とくにコーチ、さらには日大の職員になりたいと願っていた者にとって、内田氏は決して逆らってはならない相手だったはずである。

その辺りの心理にうまくつけ込んだわけで、よくいえば人心掌握術に長けていたということなのだろう。だが、自分がコーチとして使ってもらうために、前任の監督に無批判に服従し、そのスタイルを踏襲しただけという見方もできる。

つまり、アイヒマン的部下に徹することによって、のし上がった。このことに私は日大アメフト部という組織の怖さを感じずにはいられない。

〝怖い人〟との付き合いを吹聴

山根氏の場合はもっとわかりやすく、ただ〝怖い人〟との付き合いを吹聴することによって、日本ボクシング連盟でのし上がり、無批判に服従させたように見える。

その一因として、日本ボクシング連盟との最初の接点となった奈良県ボクシング連盟での成功体験があると私は思う。山根氏が奈良県連盟の事務所に初めて行った日、暴力団事務所にでも来てしまったのかと思うような怒号が返ってきたという。当時、奈良県連盟を牛耳っていた理事長も事務局長もれっきとした公務員だったが、日頃からヤクザと付き合いがあることを誰彼構わず吹聴していたようだ（『男 山根「無冠の帝王」半生記』）。

彼らの決まり文句は、「この前、柳川の親分に会ってなあ」だったらしい。おそらく、その名を聞いただけで震え上がる者が多かったのだろう。しばらくの間、山根氏は黙って聞いていたが、ある日つい「俺のほうが、よっぽど知っとるわ！　軽々しく柳川先代の名前を口にしとると、痛い目に遭わすぞ、こらぁ」と言い返した。すると、彼らの態度は一変したという（同書）。

この「柳川の親分」というのは、山根氏によれば「柳川次郎」という在日韓国人で、三代目・田岡一雄組長時代に山口組が全国進出を果たすための尖兵として活躍し、〝殺しの柳川〟の異名で知られた柳川組初代組長らしい。この柳川さんに山根氏が最初に出会ったのは、喧嘩の絶えない日々を送っていた20歳頃である。２人組のチンピラに絡まれていたときに助けてもらってから、付き合いが始まったようだ（同書）。

そういう付き合いを奈良県連盟でほのめかしたところ、効果覿面《てきめん》だった。何しろ、「この一件からすぐ、事務局長を務めていた男は、『ボクシング関係者が来たなら、その人に役員をやってもらったほうがええ』と言い出し、自ら辞任した」のだから。そのおかげで、山根氏はあっという間に事務局長に就任することになった（同書）。

この成功体験から、山根氏は〝怖い人〟との付き合いを吹聴して恫喝することが、連盟でのし上がるのに効果的だと気づいたのではないか。その背景には、「当時、奈良に限らず、関西のボクシング連盟関係者の多くは、ヤクザ者と変わらないような連中ばかりだった」（同書）という事情もあるのだろうが、それを逆に利用した。そして、「虎の威を借る狐」さながらにのし上がったのである。

つまり、内田氏は、外されるのではないかという恐怖を与えて、山根氏は、〝怖い人〟がバックについているのではないかという恐怖を与えて、批判力を失わせた。いずれも、こういう恐怖が他人を支配するのに効果的だと自分自身の体験から気づいたわけで、その結果、従順さらには隷属に近い状態をつくり出すことができた。こうして洗脳に成功したことが、このふたりを独裁的支配者に押し上げたのではないだろうか。

〈例外者〉

アイヒマン的凡人がヒトラー的支配者になる理由として最後に挙げておきたいのは、「不公正に不利益をこうむったのだから、自分には特権が与えられてしかるべきだ」と思い込む傾向である。

こうした思い込みが強い人をフロイトは〈例外者〉と名づけている。〈例外者〉とは、自分には「例外」を要求する権利があるという思いが確信にまで強まっているタイプである（「精神分析の作業で確認された二、三の性格類型」）。

もちろん、フロイトが指摘しているように、「人間が誰でも、自分はそのような『例外』だと思い込みたがること、そして他人と違う特権を認められたがるものであることには疑問の余地がない」（同論文）。これは、誰にでも自己愛がある以上仕方がないのだが、自分だけに例外的な特権を認めてほしいという願望が人一倍強いタイプがいる。それが〈例外者〉なのだ。

もっとも、そういう願望を抱いても、名家の御曹司か大金持ち、よほどの美貌の持ち主か大天才でもない限り、許されるわけがない。そこで、自分自身の願望を正当化するのに特別な理由が必要になる。

それを何に求めるかというと、ほとんどの場合自分が味わった体験や苦悩である。自分には責任のないことで「もう十分に苦しんできたし、不自由な思いをしてきた」のだから、「不公正に不利益をこうむった分、自分には特権が与えられてしかるべきだ」と考えるようになる。

何を「不公正」と感じるかは人それぞれである。容姿に恵まれなかった、貧困家庭に生まれた、病気になった、理不尽な仕打ちを受けた……など、本人が不利益をこうむったと感じ、運命を恨む権利があると考えれば、それが自分は〈例外者〉だという思い込みにつながりやすい。

内田氏も山根氏も、そしてヒトラーも、この〈例外者〉なのではないかと私は思う。まず内田氏は、スパルタで知られ、口答えを許さず、無理難題を課すことも少なくなかった前任の篠竹監督の下でコーチとして長年仕えた体験、そして一度コーチを外されたときに味わった不安と屈辱感を「不公正」と感じたのではないか。

一方、山根氏の場合は、生い立ちと病気だろう。山根氏によれば、「当時の私の身の上で説明すると、生まれた時は朝鮮戸籍で管理された日本人であったが、終戦で韓国に戻り、再び日本に〝密航〟してきたため、日本政府にとっての私は、ただの韓国人密航者でしかなかったのだ」（『男　山根「無冠の帝王」半生記』）。

そのため、無国籍状態が何年も続き、悩み続けたらしい。戸籍も住民票もないので、免許証を取ることもできず、自分を証明するものが何ひとつなかったという。また、「小学校も卒業していないので、低学歴どころか『無学歴』というが正しいのかもしれない」と山根氏は述べている（同書）。

こうした「無国籍、無学歴」は思春期の少年の心に暗い影を落としたと思われるが、そのうえ父親との確執のせいで、家出を繰り返したようだ。しかも、先ほど触れたように10代で肺結核に罹患し、入院生活を余儀なくされている。

これだけ苦難に直面したら、「不公正」と感じるのも無理からぬことだ。ヒトラーも、美術学校受験を二度も失敗した経験、「徴兵忌避者」としてオーストリア警察から追跡されていたため浮浪者収容所にまで入った経験、そして毒ガス攻撃に遭った経験などを「不公正」と感じたとしても不思議ではない。

問題は、同じような経験をしても、「不公正」とは感じず、自らの運命を淡々と受け入れ、乗り越えていく人がいる一方で、〈例外者〉は人一倍「不公正」と感じることだ。もちろん、〈例外者〉が〈例外者〉であることを要求する理由として挙げる体験や苦悩には、同情すべきものが多い。ただ、自分がこうむった不利益に対して損害賠償請求をしたいという気持ちが強いせいか、「自分はこんなに不利益をこうむり、大変な目に遭ったのだから、これくらいは許されてもいいはず」と考え、自分が例外的な特権を要求することを正当化しがちである。そのため、「裏返しの特権意識」とでも呼ぶべきものが芽生えやすい（注）。

この「裏返しの特権意識」は、自分があまりパッとしなかった時期に感じた恨みや鬱憤に比例して強くなる。そのため、無批判的服従を長期間強いられ、鬱屈していたアイヒマン的凡人ほど、自分が上に立つと、下の者が無批判に服従するのは当然と思い込み、それを要求する。だからこそ、アイヒマン的凡人はヒトラー的支配者になりやすいのである。

〈注〉幼少期に貧しい家庭で育った人が、大人になってから金銭に異常に執着し、金儲けのためには手段を選ばず、「金にきたない」と言われるようになる場合がある。こういう人も〈例外者〉であり、自分がこうむった不利益に対して損害賠償請求をしたいという気持ちが非常に強いと考えられる。

第4章　アイヒマンを育む土壌

アイヒマン的サラリーマン

第1章ではアイヒマン的凡人について、第2章ではヒトラー的支配者について、そして第3章ではパッとしなかったアイヒマン的凡人がヒトラー的支配者になれた理由について分析した。

もちろん、アイヒマン的凡人がみなヒトラー的支配者になるわけではない。ただ、第2章で述べたようにアイヒマン的イエスマンが「イネイブラー（支え手）」の役割を果たすからこそ、ヒトラー的支配者が権力と影響力を保てるのである。

だから、ヒトラー的支配者をのさばらせないためにも、無批判に服従するアイヒマン的部下にならなければいいのだが、実際にはアイヒマンになる人が少なくない。とくに日本には、アイヒマンになることによって身過ぎ世過ぎをするしかないサラリーマンが多い。

そこで、この章では、その理由を分析し、アイヒマンを育《はぐく》み、結果的にヒトラーをのさばらせる土壌について考えてみたい。

なぜアイヒマンにならざるを得ないのか

多くのサラリーマンがアイヒマンにならざるを得ない最大の理由は、会社を辞めたくても、辞められないことである。「ここを辞めたら次がない」という切迫した状況こそ、多くのサラリーマンを追い詰めているように見える（注1）。

たとえば、ブラック企業で働いているせいでうつ病になり、私の外来を受診した患者に「どうして、そんな会社に居続けるの？」「辞めることは考えないんですか？」と尋ねると、「辞めたら次がないから……」「せっかく正社員になれたのに、辞めたら次は絶対になれないから……」という答えが返ってくることが多い。

とくに40代以上になると、悲壮感さえ漂う。「辞めて、この年齢で次の仕事が簡単に見つかるとは思えない」「たとえ仕事が見つかっても、一からのスタートになり、自分より若い子に頭を下げなければならないかもしれない」「今よりも給料が下がるかもしれず、そうなったらローンを払えなくなるかもしれない」という答えを聞くと、辞めたくても、辞められない事情が痛いほどわかる。

ブラック企業でなくても、上司とそりが合わなくて毎日針のむしろに座る思いだったり、会社の吸収や合併によって一気に立場や待遇が悪くなったりして、心身に不調をきたした方も少なくない。その多くが「次がないから、辞めるに辞められない」という共通した気持ちを抱いている。

精神科医としては「辞めれば治るのだろうけれど、どうしても辞めるわけにはいかない事情があるのなら、『給料は辛抱料』と割り切って、あまり無理をしないようにするしかないですね」と助言するしかない。

また、本来なら診断書を提出して休職し、治療に専念するのが望ましいのに、そうはいかない場合もある。

たとえば、40代の会社員の男性は、夜眠れず、仕事への意欲がわかず、朝出勤しようとすると吐き気がすると訴えて私の外来を受診した。

事情を尋ねると、最近課長から平社員に降格させられたことがわかった。降格の理由は、遅刻を繰り返す新入社員を注意したところ、その新入社員が上司にパワハラだと訴え、それが認められたことだという。

この上司というのが30代の常務で、社長の息子である。しかも、専務は社長の弟、本部長は社長の娘という典型的な同族企業らしく、社長も専務も高齢のうえ病気がちなので、数年前から実務はほとんど常務が取り仕切っている。ちなみに、遅刻を繰り返していた新入社員は、社長一族の親戚だそうだ。

人事権を握った常務がまずやったのは、高校や大学の同級生、あるいはゴルフやヨットの仲間を会社に入れることだった。しかも、管理職として。もっとも、それほど大きな会社ではなく、ポストの数が限られているので、管理職に就いていた古参の社員を退職や降格に追い込み、その後釜に自分の友人を据えた。退職や降格に追い込む手段が、パワハラ認定だ。

この会社では、「パワハラは断じて許さない」とマジックで書かれた紙が壁に貼られており、一見パワハラに厳しそうだ。しかし、実際にはパワハラが横行しており、その張本人が先述の常務である。

常務は、古参の管理職を「なんでそんなに無能なんだ」と大声で罵倒したり、「あなたにはコストがかかっているんです」と赤字で強調したメールを送りつけたりするという。また、うつで休職していた社員が復職すると、「うつになるのは弱いから。俺なんか絶対ならない」と嘲笑することもあるらしい。

常務をパワハラで告発すれば、普通の会社では認められるだろうが、この会社では誰もそんなことはしない。パワハラ認定をしているのが常務とその取り巻きで構成された調査委員会であり、告発しても無駄だとわかっているからだ。

そのため、この男性の先輩の多くが耐えきれなくなり、会社を去った。この男性も、他の社員の前で大声で罵倒されたうえ、平社員に降格という屈辱的な処分を受けて、はらわたが煮えくり返ったが、「ここで怒ったらクビだ。我慢するしかない」と自分に言い聞かせながら、耐えた。このように理不尽な仕打ちに対して怒りがコップからあふれそうになっているのに、それを出すことができない状況で、日々葛藤にさいなまれながら出勤しているうちに、上記の症状が出現したのである。

相当つらそうだったので、診断書を提出して休職することを勧めたが、「そんなことはできない」という答えが返ってきた。この男性と同様に降格されてうつになった先輩が診断書を提出して休職したところ、「働かずに給料をもらうなんて厚かましい」「会社の売り上げに貢献できない穀潰し」といったメールが常務から送られてきて、さらに病状が悪化し、結局復職せずに退職したからだという。

もちろん、先輩が休職期間中にもらっていたのは給料ではなく、傷病手当金である。また、こういうメールを送りつけること自体パワハラのはずだ。しかし、この会社で常務のパワハラを告発してもどうにもならないと思ったのか、「こんな人が常務で、将来社長になる会社に未来があるとは思えない。それに、ほとほと嫌になった」と言って、退職したそうだ。

私の外来を受診した男性は、子どもの学費や住宅ローンのことを考えると、どうしても退職を避けたいらしく、「休職して先輩のようになるのは嫌だ」と話した。そのため、病気を隠して服薬しながら、毎日出勤している。

この会社の常務は典型的なヒトラー的支配者だが、その手法を「おかしい」と批判する社員はいない。少しでも常務の気に入らないことをしたら罵倒されるかもしれないし、降格の憂き目に遭うかもしれないからだ。最悪の場合、退職に追い込まれかねない。それがよくわかっているので、みな何も考えないようにして無批判的服従に徹している。

それを象徴する合言葉が「見ざる、言わざる、聞かざる」であり、「この会社にずっといようと思えば、3ざるでないとダメ」と同僚と言い合っているという。もちろん、自己保身のためだろうが、このように黙って耐えるアイヒマン的部下が増えるほど、ヒトラー的上司は「これでいいんだ」「こんなことをやっても許されるんだ」「俺はそれだけ特別な存在なんだ」などと勘違いするのである。

「汚い仕事」を押しつけられても従うアイヒマン

辞めたくても、辞められない状況では、上司から「汚い仕事」を押しつけられても従うしかない場合もある。そういう場合、自己保身のためにあえて思考停止に陥り、アイヒマンになりきれれば悩まずにすむのだろうが、なまじ実直だったり、正義感が強かったりすると、いろいろ考えて心身に不調をきたしかねない。ときには、命を失うような深刻な事態を招く。

その典型のように見えるのが、2018年3月、学校法人「森友学園」に国有地を売却した近畿財務局国有財産管理の部署にいた男性職員が、自宅で自殺した事件である。この職員の死亡が報道された日の夕方、当時国税庁長官を務めていた佐川宣寿氏が辞任し、財務省も国有地売却に関する決裁文書の書き換えを認めた。

自殺した職員は「自分の常識が壊され、心と体がおかしくなった。汚い仕事をやらされた」と漏らしていたという親族の証言がある。また、親族は「実直な人なので、やるべきではない仕事をさせられたのではないかと思う」とも語っている。

おそらく、決裁文書の書き換えという「汚い仕事」を命じられ、ノンキャリアの身では命令に逆らえず、渋々従ったが、なまじ正義感が強かったので、かなり悩んだのだろう。

そのせいか、2017年8月頃から夜眠れなくなり、心療内科に通院するようになったらしい。したがって、無批判的服従に徹するアイヒマンになろうとしたが、なりきれなかったがゆえの悲劇と考えられる。

この手の「汚い仕事」を押しつけられることはどんな業界にもあるのだろうが、私が身を置く医療業界における「汚い仕事」といえば、まずカルテの書き換えが脳裏に浮かぶ。

もちろん、決してやってはならないことだが、かつて紙カルテが主流だった頃は医療ミスを隠蔽するためにカルテを書き換えるよう上司から指示され、すごく悩んだという話を複数の医師から聞いたことがある。上司の指示に従わなかったら、大きな手術を担当させてもらえないのではないか、それどころか大学病院にいられなくなるのではないかと恐怖にさいなまれたという。

書き換えまでいかなくても、あえて報告しないのも、「汚い仕事」のひとつだろう。たとえば、薬の副作用をあえて報告しない医師がいる。

新薬が発売されてまもなく、重篤な副作用で患者が苦しんだり、場合によっては死亡したりすることがある。原因究明のための調査が行われ、その薬の治験の段階で重篤な副作用が出現していたにもかかわらず、医師がきちんと報告していなかった事実が判明する。

新薬の治験は、だいたい医学部の教授が製薬会社から依頼されて行う。教授は、大学病院や関連病院の医師に指示して、治験者になってくれる患者を集めさせ、新薬を投与させる。

新薬が認可されれば、莫大な利益を生むが、逆に認可されなければ、それまでの研究開発費は無駄になる。そのため、製薬会社も、製薬会社から研究費を受け取っている教授も、重篤な副作用が出現しなければいいのにと願っている。

だからといって、教授が副作用を報告しないように直接指示することはほとんどない。しかし、製薬会社と教授の願望を忖度して、大学病院であれば准教授や講師、関連病院であれば部長が、部下の医師に「副作用を報告しないほうがいい」と、それとなく助言することはある。もしくは、治験を実際に担当した医師が、直属の上司さらには教授の願望を忖度して、あえて副作用を報告しないこともある。

このように指示されたにせよ、自ら忖度したにせよ、「汚い仕事」でも無批判に手を染める人はどんな組織にもいる。もちろん自己保身のためだ。しかも、アイヒマンになりきれれば、罪悪感も後ろめたさも覚えずにすむ。

「汚い仕事」を断りにくい組織の3つの特徴

「汚い仕事」を断りにくい組織には、しばしば次の３つの特徴が認められる。

（１）ブランド力

（２）競争

（３）恐怖

それぞれについて、医師を例に取って説明しよう。

まず、（１）ブランド力は、大学病院や名門病院に勤務する医師のエリート意識を支えていることが多い。こうしたブランド力のある組織に所属することに自らの「レゾン・デートル（存在価値）」を感じている医師は、その組織に居続けるためなら、「汚れ仕事」を部下に押しつけることも、場合によっては自分自身がそれに手を染めることもいとわない。

こういうことは医師に限らない。ブランド企業の社員にとって、自分のプライドを支えてくれるのが「〇〇会社の社員」という肩書であることは少なくない。会社にはひどい上司がいて、納得のいかない仕事を与えられても逆らえず、無批判に服従するしかない。そのため、「いったい自分は何をしているんだろう……」と悲嘆に暮れることもあるかもしれない。しかし、一歩会社の外へ出れば「○○会社」というブランドがモノを言う。友人や知人には「おまえはすごいな」「給料もいいんだろ」「うらやましいな」などと言われ、まんざらでもない気分を味わえる。家族も、自分の夫や父親が「○○会社の正社員」という安定した、世間的にも通りのいい立場であることを喜んでくれるし、誇りに思ってくれる。

それだけで、承認欲求はかなり満たされるはずだ。だから、その心地よさを失いたくないがゆえに、ブランド力のある組織に居続けるためなら何でもするという気持ちになるのは無理からぬことだと思う。

（2）競争も重要な要因だろう。過酷な受験競争を勝ち抜いて医師免許を手に入れたわけだから、上昇志向も競争意識も人一倍強い。とくに、大学病院に勤務して教授の椅子を狙っている医師は、ライバルに勝つためなら何でもする。

さらに、教授を怒らせたら飛ばされるのではないかという（3）恐怖もある。懲罰に近いような形の異動への恐怖を医師が抱くのは、かつては大学医局が人事を一手に握っていたことによる。とくに、関連病院を全国各地に持っていた大学医局では、教授を怒らせると、僻地の病院に飛ばされるのではないかという恐怖を多くの医局員が抱いていたものだ。

大学医局の影響力は、一昔前と比べると低下したとはいえ、大学病院に残って出世したければ、教授の意向を気にせずにはいられない。それがさまざまな不祥事の温床になっていることは否定しがたい。

この3つの要因は財務省の官僚にも当てはまる。財務省は、ブランド力のある組織というだけでなく、隔離された集団でもある。また、出世のための競争も、懲罰に近いような形の異動への恐怖も、医師の比ではないだろう。

大学病院や財務省のように3つの要因がそろっている組織ほど、「汚い仕事」を押しつける上司がいるものだ。もっとも、必ずしも3つの要因がそろっていなくても、「汚い仕事」を押しつけられそうになることはある。

たとえば、スーパーの鮮魚売り場で働いていた男性は、売れ残った魚の消費期限をもっと先に書き直して販売するように店長から指示されて、悩んだらしい。また、診療所で医療事務の仕事をしていた女性も、自己負担ゼロの生活保護の患者が、実際には来院していないのに、診察を受けたように見せかけて再診料を請求するように院長から指示されて、困ったという。

このふたりの勤務先は、それほどブランド力があるわけでも、そんなに競争が激しいわけでもない。それでも、やはり現在の職場にいられなくなったらどうしようという恐怖ゆえに、葛藤にさいなまれる。とくに環境の変化を嫌うとか、次の仕事が簡単に見つかりそうにないとかいう場合、恐怖は一層強くなるはずだ。

こういうことは、誰にでも起こりうる。しかも、「汚い仕事」は遅かれ早かれ発覚する可能性が高い。また、発覚した場合、上司が守ってくれるわけではない。たとえ上司から指示されたことでも、もし発覚したら、ほとんどの上司は「やったのは自分ではない。部下が勝手にやった」とシラを切り、責任転嫁するだろう。いざというとき部下に責任転嫁できるように、自分が指示した痕跡を残さないようにする巧妙な上司もいるはずだ。

だから、「汚い仕事」を押しつけられそうになったときの選択肢はひとつしかない。そう、断るしかないのだ。ところが、現在の職場にいられなくなるのではないかという恐怖が強いと、アイヒマンのように無批判に従う。

その結果、どうなるか。アイヒマンになりきれれば、当座は安泰かもしれないが、発覚したら、すべての責任を押しつけられかねない。アイヒマンになりきれなければ、葛藤と罪悪感にさいなまれ、先述の自殺した職員のように悲劇的な結末を迎えることもありうる。いずれにせよ、厄介な事態を招くのだが、自己保身のためにはとりあえずアイヒマンになっておこうと考える人が多いように見受けられる。

「空気」という暗黙の同調圧力

「汚い仕事」に限らず、ちょっとした指示や依頼を断りにくいことは誰にでもあるだろう。そのため軽い気持ちで引き受けたが、後で責任を押しつけられ、面倒な事態になったという方もいるかもしれない。こういうことは、何らかの組織に属している限り、どうしても避けがたい。その最大の原因は、組織が持つ同調圧力であると考えられる。

どんな組織にも、その大小や善悪にかかわらず、同調圧力がある。内心では「違う」と思っていても、波風を立てたくなくて「そうですね」と同調しているうちに、同じ気持ちになることもあるだろう。

日本社会では、この同調圧力が欧米と比べて強い。そして、日々同調圧力にさらされているうちに、「なぜ」と思わなくなり、知らず知らずのうちに自分の頭で考えなくなる。こうして思考停止に陥るわけである（注2）。

同調圧力が強いところには、しばしば独特の「空気」が漂う。これは、第2章で取り上げたヒトラー学長がイエスマンばかりで構成された執行部をつくり、執行部であらかじめ決めた議題しか教授会に提出できないようにしていた大学での私自身の経験から断言できる。だから、同調圧力と「空気」の間には密接な関係があるというのが私の持論なのだが、なかには同調圧力と「空気」を同一視する論者もいるようだ。

たとえば、経済学者の池田信夫氏は、『「空気」の構造―日本人はなぜ決められないのか』で次のように述べている。

「『空気』という言葉は学術用語ではない。山本七平の使った比喩で、厳密な定義があるわけでもないが、最近でも『空気読め』とかKY（空気を読めない）とか、日常語でもよく使われる。山本は『ムード』とも言い換えているが、『空気』はそういう雰囲気だけではなく、まわりの人々の暗黙の同調圧力をさすことが多い」

「暗黙の同調圧力」が「空気」というのは、腑に落ちる。同調圧力の強い日本社会では、この「空気」がわれわれを支配し、少なからぬ影響を及ぼしているのではないだろうか。

「空気」に支配された組織

「空気」による支配は昨日今日始まったことではない。池田氏が言及している山本七平は、名著、『「空気」の研究』で、太平洋戦争末期に戦艦大和が沖縄に向けて航空機の護衛なしに「特攻出撃」した作戦に触れ、次のように述べている。

「大和の出撃を無謀とする人びとにはすべて、それを無謀と断ずるに至る細かいデータ、すなわち明確な根拠がある。だが一方、当然とする方の主張はそういったデータ乃至根拠は全くなく、その正当性の根拠は専ら『空気』なのである。従ってここでも、あらゆる議論は最後には『空気』できめられる。最終的決定を下し、『そうせざるを得なくしている』力をもっているのは一に『空気』であって、それ以外にない」

このように「空気」に抗えず、最後には無批判に従う日本人は戦前から少なくなかったようだ。そのため、山本は、「空気」とは「非常に強固でほぼ絶対的な支配力をもつ『判断の基準』であり、それに抵抗する者を異端として、『抗空気罪』で社会的に葬るほどの力をもつ超能力であることは明らかである」（同書）と断言している。

この「空気」による支配が戦後なくなったかといえば、決してそうではない。空気は、相変わらず猛威を振るっている。山本も見抜いているように、「この空気《ムード》が、すべてを制御し統制し、強力な規範となって、各人の口を封じてしまう現象、これは昔と変りがない」（同書）。

山本の指摘には、まったく同感だ。それどころか、最近むしろ「空気」の支配が強まっているとさえ感じる。そのせいでさんざんな目に遭ったという話もしばしば耳にする。

そういうケースを紹介しよう。

ケース1　個室を増やしてブランド病院にする「空気」

知り合いの医師が以前勤務していた病院は、病院を設立した先代が亡くなった後、長男が継いで院長に就任したのだが、建物が老朽化したので建て替えることになった。長男は、父から受け継いだ病院をより一層立派な名門病院にしたいという欲望が強いようで、富裕層の患者が安心して入院できるように個室をたくさんつくると言い出した。

それに対して反対というのが周囲の本音だった。まず、事務長が大反対した。事務長は、先代の頃から長年この病院に勤務しており、地域や患者層を熟知していたので、

「うちの病院に入院している患者さんには、裕福な方は少なくて、むしろ生活保護を受けているとか、年金でギリギリの生活をしているとかいう方が多い。この地域全体がそういう土地柄なので、個室料を払えるような患者さんはそんなにいないはずです。遠くの患者さんがわざわざ入院するほどのブランド力はうちの病院にはないので、個室をつくっても、ガラガラになるのではないでしょうか」

と病院経営の見地から、冷静に助言したようだ。

ところが、院長は聞き入れなかった。それどころか、「うちの病院にケチをつけるの

か」と怒り出した。自分の病院の患者層が悪いとか、ブランド力がないとか言われたように感じたのかもしれない。事務長は定年間近だったこともあって、言っても無駄と思ったのか、それ以降は口をつぐみ、病院の建て替えが本格化する前に退職した。

ほとんどの医師も内心では反対だったようだ。診察の際に患者のだいたいの暮らしぶりはわかるので、医局で雑談する際には「事務長が言うように、個室料を払える患者がそんなにいるわけない」「生活保護の患者が多い病院に、金持ちの患者がわざわざ来るとは思えない」などと、本音を言い合っていた。

だが、いざ医局会となると、院長が議長を務めていたこともあって、ほとんどの医師が口をつぐんでしまった。「富裕層の患者が入院したくなるようなブランド病院にするんだ」と意気揚々と話す院長に対して、誰も異を唱えなかったという。

そのうえ、院長の意向に沿うような資料を提供する医師がいた。この病院に数年前から勤務するようになったA医師である。A医師は、東京の私立医大を卒業してからずっと関東の病院にいたのだが、親が介護を必要とするようになったので関西に帰りたいと希望し、院長の友人のつてでこの病院に転職したらしい。

Ａ医師は、院長の意向を忖度したのか、病院建て替えの際に個室を数多くつくって成功した事例を集めてきた。おまけに、個室の多い病院を設計した実績のある建築事務所も院長に紹介した。もっとも、私の知り合いの話では、成功事例も建築事務所も裕福な住民の多い地域にあったという。

院長の意向を忖度して、それに沿った形で建て替えが進むように協力したＡ医師の気持ちは、ある意味、非常にわかりやすい。この病院に勤めるようになったのは、大学の医局人事ではなく、院長の友人を介した個人的なつながりのおかげなのだから、院長に気に入られたいと願うのは当然だろう。

しかも、院長の性格がわかればわかるほど、変に逆らって機嫌を損ねるより、適当におだてておくほうが病院内での自分の立場は安泰だと考えるはずだ。自己保身しか考えず、病院の将来がどうなるかに想像力を働かせなかったからこそ、Ａ医師は院長の思い通りに建て替え計画が進むように、バイアスのかかった事例を集めたのではないか。

もっとも、そんなことは目に入らなかったのか、院長は「これだけうまくいっている病院がたくさんあるんだから、うちもきっとうまくいくはず」と有頂天になった。そして、個室の多い病院に建て替える計画を医局会で提案し、採決にかけた。

　個人病院なので、基本的に院長の思い通りにできるはずなのだが、この院長は自分が独断で決めたと非難されるのを避けるために、どんなことでも形式上は医局会にかけたという。後で何か問題が起こったときに、「あのとき君も賛成したじゃないか」と言えるように、いわば各医師に連帯責任を取らせるために、医局会が存在したわけだ。

　だから、医局会は院長の意向を追認するためのものにすぎず、何を言っても無駄という「空気」が漂っていたようだ。そのことには私の知り合いも気づいていたのだが、20年以上勤務していたうえ、副院長を務めてもいたので、病院への愛着と責任感からつい「この地域で、個室料を払える患者はそんなにいないでしょう。遠くの患者がわざわざ入院するほどのブランド力もありません」と発言してしまった。

　この発言が院長の気にさわったようで、院長の顔色がみるみる変わったという。採決の際には、私の知り合い以外は全員賛成に挙手したので、院長の提案は無事可決されたのだが、それ以降私の知り合いは医局会で攻撃されるようになった。診療報酬が少ないとか、平均在院日数が長いとか、看護師が頻繁に辞めるとかいう問題があるたびに、槍玉に挙げられて、知り合いは疲れ果てたようだ。

そのうち、院長の提案で、副院長が私の知り合いからA医師に代わることになった。もちろん、形式上は院長の独断ではなく、医局会での採決によって決定された。その際、自分以外の医師が全員賛成に挙手したのを見て、私の知り合いは退職を決意したという。

医局会の後、親しくしていた同じ診療科の医師が謝りにきて、

「あの医局会の『空気』では、賛成するしかなかったんです。A先生がゴマすりだけで知識も技術もないことは、わかっていますが、もし院長の提案に賛成しなかったら、今度は私が槍玉に挙げられるかもしれません。子どももまだ小さいし、開業できるだけの資金もないので、辞めるわけにはいかないんです」

と話したという。知り合いは、まもなく辞表を出して、開業した。現在、彼の診療所は、かなり繁盛している。

一方、A医師が副院長になった病院のほうは、事務長が危惧していた通りの事態になった。やはり、個室料を払える患者はほとんどいなかったらしく、個室はガラガラだった。仕方なく、夜中に眠れなくて大声で叫んだり、ナースコールを何度も鳴らしたりし

て同室者に迷惑をかけるような患者を入れているらしい。だが、もちろん、個室料は入ってこない。銀行からかなり借金をして新館を建てたのに、ちゃんと返済できるのか微妙な状況のようだ。

こういう状況を目の当たりにした院長は、今度はA医師を槍玉に挙げ始めたという。A医師が、個室を数多くつくって成功した病院の事例を集めたり、個室の多い病院を設計した実績のある建築事務所を紹介したりしなかったら、こういう事態にはならなかったはずだと主張しているらしい。

知り合いの話を聞く限り、A医師は院長の意向を忖度したにすぎず、それによって醸成された空気に他の医師は抗えなかっただけだ。もともとの責任は、個室を数多くつくることをゴリ押しした院長にあるように見えるが、院長としてはそれを受け入れられず、誰かに責任転嫁せずにはいられないのだろう。

この病院では、副院長を務めていた私の知り合い以外の医師はみな自己保身のために院長に無批判に服従したように見える。ただ、A医師のように院長の意向を忖度して積極的アイヒマンになるのか、それとも他の医師のように「空気」に従って消極的アイヒマンになるのかという違いがあるだけだ。

私の知り合いは、「空気」に抗って自分の意見を発言したせいで、異分子として排除された。しかも、形のうえでは、院長の独断ではなく、あくまでも医局会の決定によって副院長の座から引きずりおろされた。こういう異分子排除は、同調圧力が強くなるほど、起こりやすい。

その採決の際に賛成に挙手しておきながら、その場の「空気」のせいにした医師は典型的なアイヒマン的凡人のように私の目には映る。このように、医師免許を持っていて、いざとなれば開業という選択肢もありうる医師でさえ、自己保身のためには簡単にアイヒマンになる。だから、一般企業にこういうタイプが多いとしても、不思議ではない。

ケース2　契約センターをつくる「空気」

私は病院と大学でしか働いたことがないので、知り合いもその関係者に限られるのだが、一般企業でも、「空気」に支配されて上層部が前のめりになり、その意向を下の社員が忖度して何も言えずにいるうちに、問題がどんどん深刻になって機能不全に陥ることは結構あるのではないか。

たとえば、私がメンタルヘルスの相談に乗っている某企業では、今はそういうのが主流だからという理由で、これまでは各支店で行っていた契約書類の作成や発送などを、契約センターで一括することになった。そのほうが効率がいいはずと主張する幹部に抗えない「空気」が漂っていて決まったようなのだが、実際にスタートしてみるとさまざまな問題が表面化している。

契約書類に何らかの不備があった場合、契約センターからお客様に電話して書類の書き直しをお願いするのだが、それまでお客様に対応していたのは支店の社員なので、電話を受けたお客様の中には詐欺の電話ではないかと警戒する方もいるらしい。また、不備のあった書類を書留でお客様に郵送するのに要する手間や費用などを考えると、以前のように各支店の担当者がお客様に直接書き直しをお願いしたほうが効率的なのではないかという声もある。

さらに、契約センターではすべての支店の契約書類を扱うので、大量の書類を処理しなければならず、そのうえ単純作業なので、社員がモチベーションを保ちにくい。もちろん、コスト削減のためにパートや契約社員などの非正規社員を大勢雇っているが、それによって正社員と非正規社員の間にあつれきが生まれている。

そういう問題が起こっているので、高額のオフィス賃料を払ってまでつくった契約センターが果たして仕事の効率化につながっているのかと疑問視する声が少なからずある。

しかし、それを上層部に言うのははばかられる「空気」が漂っている。

とくに中間管理職は、そういう不満が表沙汰になると、今後の出世に響きかねないので、かなり警戒している。その意向を忖度して、ほとんどの平社員も、陰で文句は言うが、上司の前では口にしないように気をつけているようだ。

そのため、不満がたまりやすく、それを聞くのが私の役目である。いわば「ガス抜き」のために私は雇われているわけだが、聞いた不満を上司に伝えるようなことはしない。私には守秘義務があるし、たとえ上司に伝えても、その上司がどうにかできるわけではないからだ。

もっとも、私が聞かなくても、契約センターの構造的問題について話す上司もいる。

「現場を知らない偉いさんが決めたことだから、それに従うしかない」という声も耳にするが、こういう声が本社の上層部に伝わることはない。

もちろん、契約センターをつくるという決断は、幹部ひとりの独断でなされたわけではないだろう。重要な決断だから、会議で決められたはずだ。もっとも、その会議の場に、先ほど紹介した病院のように、契約センターありきという「空気」が漂っていたのではないかと勘ぐりたくなる。

東芝の原子力敗戦も「空気」のせい？

東芝が暴走するきっかけになったウエスチングハウス（WH）の買収の背景にも、「空気」の影響があったのではないかと疑わずにはいられない。

東芝がWHを買収した2006年は、地球温暖化の元凶である二酸化炭素を排出しない原発が「クリーンな電源」として見直されつつあり、「原子力ルネサンス（復興）」が叫ばれていた時代である（『東芝—原子力敗戦』）。

このような時代の「空気」に影響されたのか、経済産業省は「原発輸出」の旗を振り始めた。テレビやスマホなど、デジタル分野における電機大手の競争力低下に頭を悩ませていたので、その代わりに原発を輸出しようというわけだ（同書）。

こうして、２００６年８月、経産省は「原子力立国計画」を策定した。東芝がＷＨを買収する２カ月前である。その前年には、「政府は『原子力政策大綱』を閣議決定し、『２０３０年以後も、発電電力量の30〜40％程度以上の役割を期待』して、『核燃料サイクルを着実に推進』し、『高速増殖炉の２０５０年の商業ベース導入を目指す』ことを決めた」（同書）。

時代の「空気」に加えて「国策」というお墨付きがあったのだから、当時の東芝の経営陣がＷＨを買収する決断を下したのは、無理からぬことかもしれない。

このように政府のお墨付きのような何らかの権威を信じて、「空気」に流される。そして、いったん「空気」に支配されると、「空気」を忖度して、誰も何も言えなくなる。副院長を務めていた私の知り合いのように、「空気」に抗って自分の意見を発言した人間は、見せしめのために攻撃される。ときには異分子として排除され、「村八分」の憂き目に遭う。最悪の場合、葬り去られることもある。

これこそ、アイヒマンを育み、結果的にヒトラーをのさばらせる最大の原因ではないだろうか。

自浄力の喪失

最も深刻な問題は、同調圧力が強いほど、異分子を排除し、自浄力の喪失を引き起こすことだ。上層部が間違った判断をしても、「間違っている」と指摘する人間は異分子として排除される。そのため、何も言えず、ズルズルと従うアイヒマン的凡人だけが残る。その結果、危機的事態を招く。

以前、ある雑誌の取材で記者から「組織の自浄力は、時代とともにどんどん失われていっているのか？ それとも、もともと問題があって、それが継続しているだけなのか？」という質問を受けたことがある。

それに対して、私は「もともと問題があって、それが継続しているだけですが、最近は問題があるという自覚さえなくなり、さらに悪化しているように見えます」と答えた。

このように私が答えたのは、日本という国にはもともと自浄力が欠けていると思っているからだ。

その典型が、太平洋戦争である。たとえば、先ほど取り上げた戦艦大和の出撃では、数多くの兵士の命が失われることが容易に予想できたにもかかわらず、その作戦をめぐる議論が「最後には『空気』できめられる」状況だったのだから、他は推して知るべしだ。

当時も、「資源もなく、軍事的・技術的にも劣っている日本が、米英を相手に勝てるはずがない」「こんな戦争はすべきではない」「なるべく早く戦争を終わらせるべきだ」などとひそかに思っていた人がいなかったわけではないだろう。

だが、それを口にすれば、「それじゃあおまえは、日本がアメリカの植民地になってもいいのか」「おまえは日本という国を愛していないのか」などと言われ、「非国民」と非難されかねない。

実際、戦争に反対して逮捕された人もいたわけだから、その恐怖と当時の「空気」に押し流されて、誰も何も言えなくなった。その結果、まっとうな意見は闇に葬られ、間違った方向へと国全体で暴走してしまった。これこそまさに典型的な自浄力の喪失であり、そうなりやすい傾向がもともと日本人にあることは否定しがたい。

戦争の話をしていると、まるで現代とは関係のない、非日常的な話のように聞こえるかもしれないが、決してそんなことはない。似たような話は、21世紀の現在もいくらでもある。

たとえば、あなたが大手自動車メーカーで働いていて、ある車種に欠陥が見つかり、本来ならリコールを発表しなければならない事態に直面したとしよう。

しかし、もうすぐ株主総会が迫っていて、今の段階でリコールを発表してしまうと、株価が暴落しかねない。そんな状況で株主総会を迎えたら、説明や謝罪だけではすまず、経営幹部の交代や大規模なリストラを株主に約束しなければならなくなるかもしれない。

そんなことになったら、会社の経営母体そのものが揺らぐ。だから、組織の論理として「リコールを発表するのを遅らせよう」ということになっても、不思議ではない。

もちろん、今現在も、欠陥のあるリコール対象車に乗っている人は何十万人、何百万人もいて、今は起こっていなくても、発表が遅れることで深刻な事故が起こってしまう可能性はある。

それでも、こういうときに「一番大事なのは人命なのだから、すぐにでもリコールを発表すべきだ」と正しい意見を言える人がどれくらいいるだろうか。今すぐリコールを発表すべきだというのがまっとうな意見だと重々承知していても、それを口にしたら、「会社がつぶれたり、株価が暴落して大勢の仲間がリストラされたりしてもいいのか?」「あなた自身がリストラされたり、関連会社へ飛ばされたりしてもいいのか?」などと言われるかもしれない。いや、むしろ会社に漂う「空気」を察して、何も言えず、上層部の決定に無批判に従う社員がほとんどなのではないか。

東芝の粉飾決算にしても、基本的な構造は同じだ。誰だって、決算書を改ざんすることに問題があるのはわかっている。できることなら、そんなことはやりたくない。しかし、「会社を守ることは、すなわち従業員を守ることだ」「従業員を守ることは、その家族を守ることでもあるのだから……」と都合よく組織の論理が正当化される。そして、あたかもそれが正義であるかのような「空気」が漂い、誰も何も言えなくなる。

自浄力の喪失に拍車をかける3つの要因

こうして自浄力はどんどん失われていくわけだが、それに拍車をかけるのが、第1章で指摘したアイヒマン的凡人の3つの要因、つまり思考停止、想像力の欠如、自己保身である。

まず、思考停止が蔓延する組織では、上から命じられたことや以前から行われていたことを何も考えずにやるのが一番いいと考える人が多い。

とくに過去の成功体験がある組織ほど、そうなりやすい。東芝にしろ、それ以外の不祥事が発覚した企業にしろ、問題が発覚するまでは、とりあえず表面上はうまくいっていたのだから。

そういう成功体験があると、「今回も同じようにやっておけば大丈夫」という気持ちになるのも無理からぬことだ。上司からも「今までずっとそうやってきたのだから、今回も大丈夫だ」と言われると、最初は疑問に思っていた部下も、いつの間にか「そういうものか……」と思うようになり、それが間違った方法であっても、手を染めてしまう。

そんなことを何度も繰り返しているうちに、命じる上司にとっても、命じられる部下にとっても、それが当たり前になる。こうして何も考えずに前例を踏襲しているうちに、やがて不祥事が発覚する。

また、想像力の欠如も重要な要因だ。たとえば、リコールの発表を遅らせると、どういう事態を招くかに想像力を働かせることができない。これは、隠蔽可能だと思っているからだろうが、さまざまな不祥事発覚のケースを振り返れば、今は隠蔽が難しい時代だということはわかりそうなものだ。だからこそ、組織の自浄力がより問われているのに、問題の発覚を恐れ、隠し通そうと考える企業幹部が今なお少なくないように見受けられる。

何よりも重要なのは、自己保身だ。「ここを辞めたら、次がない」「自分が失業したら、家族が路頭に迷う」という切迫感を抱いている人にとって、「組織に背いて正しいことをしろ」という言葉はあまり意味を持たない。正しいか、間違っているかは大事ではなく、自分の身を守れるか、どうかしか頭にないからだ。

だから、仮に部下が「それは間違っています」「そんなことは今すぐやめるべきです」

と進言したところで、上司は聞く耳を持たず、握りつぶす可能性が高い。

もちろん、ほめられた上司ではない。だが、そんな上司にも同情の余地はある。上司だってリストラされるリスクを常に抱えているし、リストラされないまでも、今のポジションを失うのではないかという喪失不安にさいなまれている。

そのため、自分の管轄する部署で問題が起こらないように、たとえ起こってもその上の上司の耳に入らないようにするにはどうすればいいかということしか頭にない。身も蓋もない言い方かもしれないが、あなたの上司が自己保身しか考えていないとしても、むしろそれが上司として当たり前の姿だと思ったほうがいい。

こういう上司を見てあきれる部下だって、自己保身を考えずにはいられないはずだ。とくに、「ここを辞めたら、次がない」という切羽詰まった状況では、アイヒマンのように無批判に服従するのが賢明だと考えても、不思議ではない。

このように、アイヒマン的凡人に認められる3つの要因が自浄力の喪失に拍車をかけているのである。

（注1）会社を辞めたくても、辞められない人が少なくない一因に、人材の流動性が日本では諸外国と比べて低いことがあるかもしれない。

人材の流動性とは、「ひとつの会社・組織で働き続けるのではなく、転職などを通じて柔軟に仕事を移っていける度合い」を指す。日本の企業は新卒一括採用、年功序列、終身雇用などの制度を採り入れているためか、新卒の入社から定年までひとつの会社にとどまる正社員が多く、世界的に見ると人材の流動性が低い（「日本経済新聞」２０１７年12月28日付）。

もっとも、年功序列も終身雇用も、大企業でさえ維持するのが困難になりつつあり、昭和の遺物と見る向きもあるようだ。実際、最近は成果主義を導入する企業が増えており、大企業でも「早期退職制度」の名のもとにリストラを断行している。

また、人材の流動性を高めることについては、賛否両論ある。人材移動を円滑に進められるので、有能な人材を成長産業に振り向けることができると肯定的に評価する識者もいれば、箇

10年以上勤続している従業員の割合

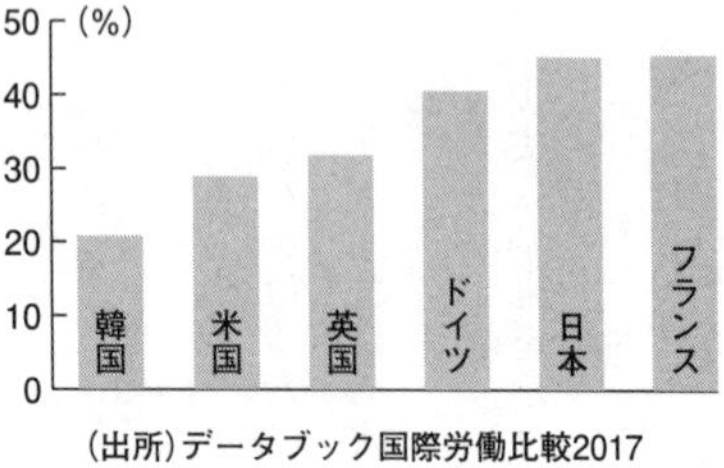

(出所)データブック国際労働比較2017

単に解雇できるようになり、失業者が増えるのではないかと危惧する識者もいる。

いずれにせよ、わが国における人材の流動性が諸外国と比べて低いのは事実である。こうした現状では、「やはり定年まで同じ会社にいるのが望ましい」「何度も転職すると履歴書が汚れる」と考える人が多いのは当然であり、それが転職活動の足かせになっているようにも見える。

実際、総務省の労働力調査によれば、2016年の転職希望者は約800万人にのぼったが、実際に活動をしたのは約270万人にすぎなかったという（同紙）。こうした現状も、会社を辞めたくても辞められず、身動きが取れない人がいかに多いかを物語っている。

（注2）同調圧力が強い一因に日本の教育の問題があることは否定しがたい。

随分前から、教育現場では「個性を大事にしよう」と言われているものの、いまだに「みんなと同じであることが大事」「違うことをするのはダメ」という風潮が根強い。

これは、日本が学歴社会であり、「いい成績を取って、いい学校へ行くことこそ幸福へのプラチナチケット」という価値観を学校が吹き込んできたからだ。そのため、「いい大学を出て、いい会社に入り、終身雇用が約束された中で結婚相手を見つけ、子どもをつくり、マイホームの一つも手に入れる。僕の親世代を始め、多くの人たちが、これが『幸せ』なのだと信じ込まされていた」（『すべての教育は「洗脳」である――21世紀の脱・学校論』）。

こうした幻想を信じ込ませる「洗脳機関」として機能していたのが学校だと、著者の堀江貴文氏は主張している。その通りだと私も思う。また、「洗脳」によって「こういう『幸せ』を手に入れるにはレールから外れてはいけない」と思い込まされていたことが、排除への恐怖を強め、結果的にアイヒマンを育んできたはずだ。

最近は、「いい大学からいい会社に入る」だけでは幸せになれないことに、少なからぬ日本人が気づき始めた。また、少子化の影響もあって、かつてほど熾烈な受験戦争はなくなったようだ。ところが、今度は「順位をつけるのは望ましくない」という理由で、みんなを横並びにさせる時代が到来した。学芸会のお遊戯で主人公役を何人もの子どもが演じるとか、運動会で順位をつけないとかいう現状を見ると、教育現場では〝違い〟を意識させないように過剰なほど配慮していると感じる。

「みんな同じ」「〝違い〟を出すのはやめましょう」という教育が、同調圧力を形成するうえで重要な役割を果たしているのはたしかである。

第5章　凡人が怖い存在になるとき

あなたのとなりのアイヒマン

これまで見てきたように、アイヒマン的凡人は、それほど実力があるわけでも、地道な努力をするわけでもない。だから、あまりパッとしないことが多い。そのせいか、無批判に服従して身過ぎ世過ぎをする。

それだけなら人畜無害といえなくもない。ところが、ときとして怖い存在になる。一番怖いのは、ヒトラー的支配者になるときだが、そういうケースはごくまれだ。ほとんどの場合、自己保身のために無批判的服従を続けるものの、そのせいで生まれる欲求不満や鬱屈した心情から暴走したり、他人を蹴落としたりする。

そこで、この章では、アイヒマン的凡人が怖い存在になるのはどんなときか、どんな怖い存在になるのかについて、具体例を挙げながら解説したい。

虎の威を借る狐

自己保身のために無批判に服従するアイヒマン的凡人は、自分が服従している相手の威光を笠に着て、虎の威を借る狐になることが多い。

ケース3　セクハラ課長

30代の男性会社員が次のような経験を話してくれた。

私は大学卒業後から金融機関に勤めていますが、入社時にものすごくショッキングな場面を目にしたことがあります。今でも鮮明に覚えています。新入社員の歓迎会での出来事です。

歓迎会では私自身が主役だったので、乾杯からしばらくはいろいろな方から私への質問攻めでした。どんな会社でも新人に興味津々なのは変わらないと思います。だから私も言葉を選びながら一生懸命お話ししました。

1時間ほど経つと、だんだん飽きてきたのか、それぞれ自由におしゃべりを始めました。一応、当日は主役だったので、この日は周囲にまったく気を使う必要はないと事前に言われていました。そのため、これで私も少しはゆっくりお酒が飲めるなぁと呑気なことを考えていたのですが、次の瞬間、私の斜め前に座っていた中年の課長と若い女性社員の距離がやけに近いことに気づきました。よく見ると、その課長は堂々と女性の胸を触っていたのです。女性のほうも、ゲラゲラ笑っているだけでした。2000年代後半の出来事で、セクハラは当時すでに問題になっていました。あまりにも衝撃的な光景だったので、隣にいた先輩社員にボソッと「あのおふたりは……その……そういうご関係なんですか？」と聞きました。すると「いや、別におまえが想像しているような関係じゃないけど、あの人は若い子に対していつもこんな感じだよ」という答えが返ってきました。その席で一番職位が上の部長も「ほどほどにしとけよ〜」と言いながら笑い、自分も若い女性社員に対して下品な話をし続けていました。

結局、歓迎会が終わるまで、例の課長は何人かの若手女性社員の隣に行っては同じような行為を繰り返していました。帰り道、私は「自分がただ純情すぎるだけなのだろうか……？」と考え込んでしまったほどです。

その後の飲み会でも似たような光景をたびたび目にすることがありましたが、私もとくに気に留めなくなりました。

しかし、会社にもようやく慣れてきた秋頃、セクハラを繰り返していた課長が突如社外に出向となりました。この課長は、正直言って仕事ができる人ではなかったのですが、部長の言うことは何でも聞いていたようです。そのため、部長にとてもかわいがられ、陰では「部長のポチ」と呼ばれており、次期部長と目されていた人でした。

理由をそれとなく周囲の先輩に聞いたところ、課長はセクハラを繰り返してきた件で告発されたとのことでした。そして、それを容認してきた部長も左遷されかけたのですが、課長を切ることで自身の面目を保ったということです。

普通に考えれば、あれだけあからさまなセクハラ行為を繰り返していれば、何らかの処分が下って当然です。一方で、部長のほうは、課長のセクハラを容認してきたにもかかわらず、自分の身を守るために容赦なく課長を切ったわけで、それはそれで怖いと思いました。

この課長は、「部長のポチ」と呼ばれるほど部長に無批判に服従することによって自己保身を図ったのだろう。これは、内田氏と山根氏が強い者の「使い走り」をすることによってのし上がったのと同じ作戦である。課長の作戦は成功し、次期部長と目されるまでになった。ところが、部長の威光を過大評価したのか、虎の威を借る狐さながらに暴走してしまった。

この暴走の背景には、二重の特権意識があるように見える。まず、「自分は部長にかわいがられ、次期部長と目されるまでになったのだから、少々のことは許される」という特権意識である。実際、部長も課長のセクハラを容認してきたのだから、課長が「少々のことは許される」と勘違いしたのも無理はない。

また、部長に無批判に服従することによる鬱屈から、損害賠償を求める気持ちが生まれた可能性もある。つまり、第3章で取り上げた〈例外者〉の心理によって、「自分はこんなに大変な思いをして部長に仕え、かなり無理な要求にも従ってきたのだから、これくらいは許されてもいいはず」という「裏返しの特権意識」が芽生えたと考えられる。

どう見ても、この課長はアイヒマン的部下だが、結局部長の自己保身のために切られてしまった。上司がヒトラー的支配者か否かにかかわらず、アイヒマン的部下の末路はだいたいこんなものだ。

これは想像力の欠如による。自分のふるまいが反感や怒りをかき立てるのではないかということに想像力を働かせることができない。そのため、セクハラを続けていれば、被害者から告発されて自分が飛ばされる事態になりかねないのに、そういう可能性を考えてみようともしない。だからこそ暴走して自滅するのだともいえる。

他人を蹴落として自己保身

アイヒマン的凡人は自己保身を最優先するので、他人を蹴落とすこともいとわない。

ケース4 チームメイトを蹴落とすサッカー部員

20代の男性会社員がチームメイトに蹴落とされた経験を話してくれた。

学生時代の部活動の話です。

私が所属していたのは全国大会にも出場したことのある大学のサッカー部で、部員も100名近くいるような大所帯でした。そのため、20名程度と限られた1軍メンバーに入るべく、部員は必死で日々の練習に取り組んでいました。もちろん、ピッチ上で活躍したいという思いはみんな持っているのですが、大学スポーツは1軍メンバー入りできるかどうかが就職にも大きな影響を及ぼすため、ある意味では高校の部活動以上に必死で練習します。そのうえ、監督に刃向かうのはご法度という風潮があります。

当初、私はメンバー入りできなかったのですが、練習試合などでそれなりに結果を残し続け、ちょうど2年生になった頃から1軍に上がることができました。4年生が抜けたタイミングだったので、例年の傾向を考えると、少なくとも3カ月ぐらいは1軍のメンバーに変化はないだろうと考えていました。

ところが、それから2週間後、1学年上の先輩が2軍落ちすることになりました。その先輩は1年生の頃から1軍にいた人だったので、驚いていた部員がいたことを今でも覚えています。そして、それに代わって1軍入りしたのが、私と同学年でポジションも同じフォワードのBでした。

Bはチームの中でも平均的というか、飛びぬけてうまい選手ではなかったので、このときは「監督が下級生を積極的に起用する方針に変えたのかな」ぐらいに考えていました。

この年、私は公式戦数試合で得点をあげるなど結果を出すことができた一方、Bはお世辞にも活躍したとはいえない状況でした。結局、1軍の入れ替えがないまま、3年生を迎えることになりました。

3年生になると、高校時代に全国大会で活躍していた期待の新入生が入ってきました。ポジションは私、そしてBと同じフォワードです。その新入生は即1軍が決定的だったのですが、そうすると1軍のフォワードが4年生とあわせて6人になり、過剰になってしまうので、誰かひとり外される可能性が高くなりました。

正直、このとき私を含む大多数の部員が「Bが外れるだろう」と予想していました。やがて、新学年でのメンバー発表の日を迎えました。私はあまり緊張していませんでした。しかし、私の名前は最後まで呼ばれませんでした。フォワードで新たに1軍入りしたのは先ほどの新入生のみ。しかも、驚いたことにBは1軍のままです。

この1年間で結果を残してきた自負があった私はさすがに納得できず、どういうことか監督に直接理由を聞きにいきました。すると「俺の方針を批判する人間がいると士気が下がる。だから今回は外した」との答えが返ってきたのです。これまで陰口ですら監督を批判したことのなかった私には意味がわからなかったのですが、弁明の余地すら与えてもらえませんでした。

ここから私の観客席で試合を見る日々が始まりました。すると、あることに気づきました。それは、ほぼ先発することのないBが試合中のベンチで常に監督の横にいることです。私は「もしかして」と思い、練習中のBの行動も観察するようにしました。すると、1軍にいたときは気づかなかったのですが、他の選手と比べて突出してBが監督に話しかけにいく機会が多かったのです。

ちょうどその頃、たまたま先輩数名と食事をする機会があったので、思い切って「Bが1軍にいるのはおかしくないですか」と聞いてみました。すると先輩方は「あいつは1年生のときから監督にうまく取り入って、自分のライバルを貶《おとし》めるようなことを言い続けているらしい」と言い、私が2年生だったときに突然外された先輩も、私生活に関してデタラメなことを吹聴されたことが原因だったと教えてくれました。

しばらく言葉が出ませんでした。自分も知らぬ間に陥れられていたのかと。まさか強豪といわれている大学のサッカー部でそのようなことがあるなど、夢にも思いませんでした。

その後、残りの学生生活で私が1軍に戻ることはありませんでした。幸い、就職は無事にできたのですが、4年生の最後まで1軍にいたBは誰もが知るような企業に就職しました。現在の彼がどうしているのかは知りませんが、私はすっかりサッカーへの情熱が失せてしまい、モヤモヤした気持ちだけが今でもくすぶっています。

Bはサッカーが飛びぬけてうまいわけでも、人一倍練習するわけでもない平凡な選手だったようだ。そういう選手が、競争の激しい大学サッカー部で1軍に居続けるためには、ライバルになりうるチームメイトを蹴落とすしかなかったのだろう。

そのために、自分のライバルを貶めるようなことを監督の耳に吹き込んで、1軍から落とすように仕向けたわけだが、それを真に受けた監督のほうもどうかと思う。試合に勝つためには、合理的に考えれば、うまい選手や得点をあげられる選手を使うべきだ。それなのに、この監督はBの中傷を信じて、自分を批判したと思しき選手を外した。これは、「俺の方針を批判する人間がいると士気が下がる」という言葉に端的に表れているように、自分に対する批判を一切受け入れられないからだろう。こういう監督は、無批判に服従するアイヒマン的選手を重用しがちなので、Bのような選手がのさばるのである。

監督の資質に問題があるとはいえ、Bがここまで陰湿なことをしたのは、1軍メンバー入りできるかどうかが就職にも大きな影響を及ぼすという大学スポーツ特有の事情があったからかもしれない。

こうした事情について、私は今回はじめて知ったのだが、日大アメフト部にも同様の事情があったのではないかと勘ぐりたくなる。だとすれば、外されるのではないかという恐怖にさいなまれた選手が、試合に出してもらうためなら何でもするという気持ちになったとしても不思議ではない。

ケース5　新入社員を「ダメな奴」に仕立て上げる先輩

実力のない凡人が自己保身のために他人を蹴落とすことはよくある。ときには他人を「ダメな奴」に仕立て上げて、自分自身の評価を高めようとする。その被害に遭った経験を20代の女性会社員が話してくれた。

大学を卒業して、社会人1年目です。

大人としての自覚を持ち、早く一人前になろうと希望に燃えて今の会社に入社しました。指導してくれることになった入社10年目のC先輩は、社内でも異例のスピードで課長まで昇進している人で、私に対しても入社直後はやさしく丁寧に仕事を教えてくれました。ですが、主に若手社員からはC先輩についてあまりいい話を聞いたことがなく、いろんな人から「まぁ、頑張って……」と言われていました。とても熱心に指導してくれる先輩だと思っていたので、最初は不思議で仕方がありませんでした。しかし、3カ月ほど経った頃からだんだんその謎が解けてきました。

まず、明らかにC先輩が犯したミスなのに、私のせいにするようになりました。たとえば、C先輩が社内の大事な会議に遅刻した際、本当は寝坊したのに「直前の取引先との打ち合わせで○○がもたついていたせいで会議に遅れた」などと真っ赤なウソをみんなの前でつかれました。

また、書類を取引先に持っていったときは、C先輩に言われた時間に持っていったら、先方に開口一番「遅れるなら事前に連絡してもらえますか」と言われてしまいました。私は時間通り、というかむしろ10分程度早く持っていったので、どういうことなのか戻ってからC先輩に聞いてみると「あー、時間言い間違えてたわ」と一言。さらに先方には「うちの若いのが時間を勘違いしていたそうです。ご迷惑をおかけして、申し訳ございません」というような内容で伝えていたそうです。

やがて、少しでも気にさわるようなことがあると、たとえ私がまったく悪くなくても必要以上に怒鳴られるようになりました。自分の思い通りに事が進まないときは、電話をたたきつけるように切ったり、デスクを殴ったりとやりたい放題です。しかも、自分の上司、つまり部長がいないときだけ、そのような態度を取ります。部長がいるときは、最初のときと同じくやさしく指導する〝ふり〟をして、「よき先輩」アピールをしています。

私がはじめてひとりで仕事を取ってきたときもC先輩は「自分が事前に根回ししておいたことで、ようやく1件仕事を取ってくることができた」などと平然と部長に伝えました。もちろん、その仕事は私がゼロから開拓したお客様です。しかし、部長もC先輩のいいところしか見ていないので、「C君はさすがだな!」などとほめる始末。

しばらくして3年目の先輩に聞いたところによると、C先輩は自分の下についた社員を「ダメな奴」に仕立て上げ、それを利用して自分の評価を上げているとのこと。そんなC先輩を見てきた他の若手社員は、怒りを覚えつつも、声をあげれば自分の立場が危うくなってしまうので、何も言えない状態。あまりのひどさに泣き寝入りする形で辞めてしまう人も少なくないそうです。おかげで私も社内外からの評価はとても低く、この会社で今後もやっていけるのか、とても不安です。

C先輩は、自分の下についた社員を「ダメな奴」に仕立て上げ、相対的に自分の評価を上げている。もちろん、部長に認められたいからで、結局自己保身のためだろう。卮介なのは、地道な努力を重ねて成果を出すのではなく、後輩を蹴落とすことによって、上司が自分を高く評価してくれるように仕向けていることだ。

一言でいえば卑怯なのだが、こういうことを平気でやってのけるのがアイヒマン的凡人の怖さともいえる。

自己保身のために責任転嫁

C先輩は自分のミスを後輩のせいにしたが、この手の責任転嫁はアイヒマン的凡人の常套手段である。なぜかといえば、自己保身のためなら何でもするからだ。

たとえば、30代の男性会社員から聞いたのだが、勤務先の50代の総務部長の男性は、やたらと会議を開きたがり、終了時間を気にせず自分の感覚でダラダラとしゃべりまくるという。

厄介なことに、部長の提案に対して部下が少しでも批判したり、反対意見を述べたりすると、とたんに機嫌が悪くなり、感情的になって攻撃する。そのため、部下は賛成するしかなく、会議は部長の提案や意見を追認するだけの場になっている。

もっとも、賛成したらしたで、困ったことになる。部長の提案を実行して、うまくいかなかったら、部長は上司に「会議で、○○という部下が強引に推し進めたんです。部下の戦略ミスです。私は『大丈夫か？』と疑問を投げかけたんですが……」などと言い訳して、部下に責任転嫁するからだ。

責任を押しつけられた部下としては、「部長が提案したんじゃないですか。僕らは賛成するしかなかったから、そうしただけなのに、こっちの責任にされたら困ります」と言い返したいところだが、形だけにせよ、賛成したのは事実なので、何も言えない。裏返せば、部長は部下に共同責任を負わせるために、批判も反対意見も封じ込め、全員が賛成するように仕向けているのだとも考えられる。

このような責任転嫁は、もちろん自己保身のためだろう。現在の地位や収入を失いたくないからこそ、部下に平気で責任を押しつけるのだが、同じようなことを部下がする場合もある。

たとえば、ある会社では、自分が失敗するたびに、「そんな仕事の仕方、教えてもらっていませんよ!」と逆ギレする新入社員の女性がいて、上司は頭を抱えている。この新入社員は、手取り足取り教えてもらわないと、仕事ができない。また、何事にも受け身で、指示されるまで動かない。自分で工夫して仕事をする気は毛頭なく、報連相《ほうれんそう》(報告・連絡・相談)もできないため、周囲に迷惑をかけているのだが、その自覚が当の本人にはまったくないようだ。それどころか、ちょっと厳しく注意されると、涙ぐみながら「それってパワハラじゃないですか」と訴えるので、上司は何も言えなくなるという。

たしかに、パワハラは許しがたい行為である。だが、企業でメンタルヘルスの相談を受けていると、パワハラだと言い立てることによって、自分の能力や努力が足りないせいではないと自己正当化し、自己保身を図ろうとする社員もいないわけではないと感じる。

自己保身のためにカメレオンになる

自己保身のために必要と思えば、誰にでも無批判に服従するだけでなく、服従する相手を容易に替えるのもアイヒマン的凡人の特徴である。

たとえば、某スーパーの50代の女性のパート社員は、自分が古株で仕事を熟知していたこともあって、新たに赴任した20代の女性マネージャーが気に入らなかったようで、他のパート社員を巻き込んでマネージャーの陰口をたたいていた。ときには、マネージャーが挨拶しても、目も合わせず、無視することさえあった。

ところが、ひょんなことから、この女性マネージャーが社長の親戚で、子どものいない社長が後継者として考えているという噂が流れた。社長は、このスーパーの男性社員のひとりと結婚させて跡を継がせようと考えているとか、女性マネージャーと男性社員が手をつないで一緒に歩いているところを目撃したとかいう話までまことしやかにささやかれた。

どこまで本当なのかは疑問である。ただ、この噂が流れたとたん、先頭になって女性マネージャーの陰口をたたいていた例のパート社員の態度が豹変した。それまでとは打って変わって、女性マネージャーに愛想よく接するようになったのだ。そればかりか、自分から積極的に女性マネージャーに話しかけるようになり、お世辞まで言うようになったので、同僚のパート社員はあきれているという。

こういう人は、どこにでもいる。自己保身のためにがらりと態度を豹変させるが、そのことに後ろめたさも罪悪感も覚えないようだ。とにかく、現在自分が手にしている収入やポストを失いたくないとか、できるだけ居心地のいい環境で働きたいとかいう欲望が人一倍強く、それを満たすためなら何でもする。要するに、自分にとって損か得かということが唯一の判断基準になっているわけで、ある意味ではわかりやすい。

あまりにも見え見えなので、周囲の反感を買うことも少なくないが、そんなことは一切気にしない。逆に、この手のアイヒマン的凡人は、弱い立場にいたり、出世コースから外れたりした人には非常に素っ気ない態度を示す。

つまり、相手が持っている権力や影響力を見て態度を変えるカメレオンなのだ。自己保身のためにずっとカメレオンであり続けたのだから、そういう処世術をこれからも変えないだろう。

第6章　怖い凡人から身を守るために

まず気づく

第5章で述べたように、アイヒマン的凡人は、虎の威を借る狐になって暴走したり、他人を蹴落としたり、平気で責任転嫁したりして、怖い存在になることがある。これは、自己保身しか頭になく、そのためには何をしてもいいと思っているからだ。

そこで、この章では、怖い凡人から身を守るにはどうすればいいのかについて解説したい。

まず、あなたの目の前にいるあの人が、怖い凡人だと気づかなければ、何の対処もできない。自分の身を守ることも、必要であれば反撃することもできない。だから、何よりも気づくことが必要である。

ところが、困ったことに、第4章で述べたように日本社会にはアイヒマンを育む土壌があり、アイヒマン的凡人はどこにでもいる。だから、誰でも怖い凡人になりうるのだと肝に銘じるべきだ。

そのうえで、こういうタイプを嗅ぎ分け、できるだけ用心しなければならない。嗅ぎ分けるためには、情報収集が必要になる。どういう情報を集めればいいのか？ 最も参考になるのは、相手によって態度を変えるかどうかについての情報だ。

第5章で紹介した新入社員を「ダメな奴」に仕立て上げるC先輩が典型だが、上司の前では「よき先輩」のふりをしているのに、上司がいないときは後輩を怒鳴ったり、電話をたたきつけるように切ったり、デスクを殴ったりとやりたい放題である。

このように、怖い存在になるアイヒマン的凡人は、自分より〝上〟とみなす相手に対しては平身低頭するのに、逆に〝下〟とみなす相手に対しては恫喝まがいのことをする。しかも、そういう二面性が怒りや反感を買うことを想像してみようともしない。もちろん、恥ずかしいとも、後ろめたいとも思わない。こうした特徴が認められれば、日頃は〝いい人〟のふりをしていても、怖い存在になる確率が高いので要注意である。

冷静な観察と分析が必要

何よりも困るのは、このタイプだと気づかぬうちに蹴落とされたり、責任を押しつけられたりすることだ。そういう場合にこうむる痛手は非常に大きい。だから、相手をじっくり観察し、その結果得られた情報を分析する必要がある。

このように観察・分析することは、自分自身が感情的になってイライラするのを防ぐためにも有用だ。というのも、怖い凡人にはしばしば「強い者には弱く、弱い者には強く」という姿勢が認められ、自分が実害をこうむったわけではなくても腹が立つことが少なくないからだ。

だから、そういう相手に対処するには、言動をつぶさに観察・分析して、「今怒鳴っているのは、上司がいなくて、下の者には少々高圧的に出ても許されると思っているからだな」「あんなひどいことを言うのは、怒りや反感を買うかもしれない可能性に考えが及ばないからだな」などと自分に言い聞かせるべきだ。

このように相手を観察と分析の対象として眺めれば、同じ土俵に立たずにすむので、少し冷静になれるだろう。怖い凡人に立ち向かうには、まず冷静にならなければならない。

怖い凡人には腹が立つことが多いが、だからといって、こちらが感情に任せて「どうしてそんな卑怯なことをするんですか」「責任を押しつけるなんてひどいじゃないですか」などと口走ってはいけない。そんなことをすれば、「すぐキレる」とか「怒ったら怖い」とか吹聴する材料を与えることになり、それこそ向こうの思うつぼである。

だから、何よりも冷静に観察・分析することが必要なのだが、ある程度痛い目に遭わないと、怖い凡人だと気づくだけの人間観察力は養われない。スポーツでも将棋や囲碁でも負けて学ぶことのほうが勝って学ぶことよりも多いという話をよく聞くが、それと同じである。ある程度痛い目に遭って、その経験から学んだことを糧にするしかない。

今あなたが怖い凡人のせいで大変な目に遭っていたら、これは二度と同じような目に遭わないために必要な経験なのだと自分に言い聞かせることも必要だと私は思う。

意地悪な見方をする

冷静に観察・分析したうえで、なぜこんなことをするのか、なぜこんなことを言うのかを考える習慣を身につけなければならない。その際、意地悪な見方をすることをお勧めする。

たとえば、虎の威を借る狐になって暴走気味の上司が、「役員の○○さんは、私が新入社員だった頃の直属の上司で、とてもかわいがってくれた。今でも、一緒に飲みにいく仲で、私の言うことなら耳を傾ける」と自慢したら、本書でこれまで取り上げてきたアイヒマン的凡人ではないかと疑い、こんなことを言う理由を考えよう。

まず考えられるのは、役員との親しい関係を自慢して、自分自身の影響力を誇示したいという願望である。こういう願望を抱くのは、たいていの場合、実力も実績も自分にはないことに薄々気づいており、部下からなめられたらどうしようという不安にさいなまれている凡人だ。

しかも、ろくに努力もせず、自分の頭では考えず、ただ上司に無批判に服従して引き上げてもらったアイヒマン的凡人がほとんどなので、自分の力を示すには、上層部との親しい関係をほのめかすしかない。

そうすることによって、「俺に従わなかったら、役員に言いつけるぞ」と部下に脅しをかけることもできる。アイヒマン的凡人は、自分が上司に無批判に従ってきたからこそ、部下にも同様の無批判的服従を求めがちである。もっとも、それだけの実力も実績もないことが多いので、上層部の後ろ盾をほのめかして、部下を恐怖で支配しようとする。

あるいは、何であれ、とにかくけちをつける上司が、大きな契約が取れて意気揚々と報告した部下に対して、一切ほめずに、「いくら契約が取れても、そのために接待などで経費をたくさん使っていたら、会社の利益にはならないんだぞ。コストパフォーマンスを考えないと」と言ったとしよう。こんなことを言われたら、部下は落ち込み、仕事への意欲を失ってしまうはずだ。

そうならないためには、なぜ上司がこんなことを言うのか考えなければならない。まず考えられるのは、この上司が、障子の桟《さん》を指でなぞってほこりを見せつける姑のように、優秀な部下のあら探しをしている可能性だ。これは、自分のほうがよく知っていて、うまくやれるということを誇示したいからだろう。

もっとも、アイヒマン的凡人には、誇示できるだけの実力も実績もないことが多いので、相手のちょっとした弱点や過失などを指摘して、自分の力を見せつけようとする。

だからこそ、うまくやれたと、ちょっぴり誇らしい気持ちになっている部下に、ささいなことで難癖をつけて、気持ちをくじくようなことをする。

同時に、この上司が部下に嫉妬を抱いている可能性も考えられる。第3章で指摘したように、輝かしい成果を上げ、目立つ部下に対して嫉妬を抱き、自分のポジションが脅かされるのではないかという不安にさいなまれる上司はどこにでもいるが、この上司もそのひとりかもしれない。

とくに最近は多くの企業で年功序列が崩れ、成果主義が導入されているので、自分より年下の部下に追い抜かれるのではないかという不安を抱いている上司が相当いるようだ。とくに実力も実績もなく、無批判的服従だけで昇進してきた上司からすれば、デキる部下は業績を伸ばしてくれる大切な存在というよりもむしろ自分にとって脅威になる存在なのではないか。

なかには、嫉妬のせいで合理的に考えられなくなる上司もいる。合理的に考えれば、優秀な部下が大きな契約を取ってきたら、ほめて励まし、さらに大きな契約を取ってくるように仕向けるほうが自分のためになるはずだ。だが、嫉妬にさいなまれた上司はそういうふうには考えられない。

だからこそ、この上司のようにけちをつけるわけで、ルネサンス期のイタリアの政治思想家、ニッコロ・マキアヴェッリの「人は、心中に巣くう嫉妬心によって、賞《ほ》めるよりもけなすほうを好むものである」という言葉は、まさに怖い凡人のためにある言葉だと思う。

実際、上司の嫉妬のせいでつぶされたという話はしばしば聞く。たとえば、「気分が落ち込んで仕事への意欲がわかない」「出勤しようとすると胸がドキドキして吐き気がする」と訴えて私の外来を受診した30代の会社員の男性は、もともとは仕事をバリバリこなしていたという。同期の中で最初に課長に昇進したこともあって、仕事にやりがいを感じており、彼の部署は毎月ノルマを達成していたし、営業成績がトップになることも珍しくなかった。部下が行き詰まってないか常に気を配り、相談にもよく乗っていた。

このような状況を見れば、普通、上司は満足するはずだが、彼の直属の上司である部長は少々違ったようだ。彼の成功にちょっぴり嫉妬したらしく、ほめるどころか、けちをつけるようになった。

おまけに、行き当たりばったりに朝令暮改の指示を出して、彼が部下と一緒に地道に築いてきた顧客との関係を、めちゃくちゃにしてしまった。その責任を押しつけられたかっこうで、彼の部下は全員他の部署に異動させられた。そのため、彼の部署は空っぽになり、彼自身も降格の憂き目に遭った。それからしばらくして、抑うつ気分や意欲低下、動悸や吐き気などの症状に悩むようになったのである。

こういうケースが実際にあるので、上層部との親しい関係を自慢する上司を見たら、自分の影響力を誇示したいのではないかとか、部下を恐怖で支配しようとしているのではないかとか、疑ってかかったほうがいい。また、けちをつける上司を見たら、自分の優位性を誇示したいのではないかとか、嫉妬からけなしているのではないかとか疑うべきだ。

このように疑う姿勢を持ち続ければ、怖い凡人の言うことを真に受けずにすむ。そうすれば、ある程度はスルーできるので、それほど実害をこうむらずにすむだろう。

一番怖いのは、怖い凡人の言うことを真に受けて、無批判に服従し、その結果振り回され散々な目に遭うことだ。そういう事態を防ぐためにも、できるだけ意地悪なまなざしで観察すべきである。

そのためには、なぜこんなことをするのか、なぜこんなことを言うのか、常に考えなければならない。

なるべく第三者を交え、証拠を残す

怖い凡人から自慢話を聞かされたり、けなされたりするくらいなら、聞くふりだけして心の中であざ笑い、スルーしておけばいい。だが、蹴落とされたり、責任を押しつけられたりすることもあるだろう。

自己保身しか考えていない怖い凡人との間でよく起こるのが、「言った、言わない」のトラブルである。

たとえば、上司に言われた通りにやったにもかかわらず、問題が発生した場合。こういう場合、上司が「そんなことは言っていない」としらばっくれることがある。これは、上司が本当に指示したことが明るみに出ると、責任問題になりかねないので、それを避けたいという自己保身欲求によると考えられる。上司が自分に非があると薄々感じていると、それを否認するために一層攻撃的になることも少なくない。

いずれにせよ、こんな上司と向き合っていると、あらぬ形で自分に火の粉が降りかかるかもしれない。こういう怖い凡人との付き合い方としては、基本的にふたつしかない。ひとつは文書かメールでやり取りすること、もうひとつは一対一にならないことだ。いずれも、証拠を残すためである。

これまで見てきたように、怖い凡人の頭の中には自己保身しかない。そのため、自分の過ちや間違いを指摘されると、それを否認するために、躍起になって自己正当化しようとする。そういう人の主張を訂正するのは至難の業だ。

上司に対して「だって、△△さんがそうしろって指示したじゃないですか」「△△さんの言われた通りにやっただけですよ」といくら泣き叫んだところで、向こうは「そんなわけないだろ」「言い訳するな」と言うだけだ。そうなったら、ほとんど勝ち目はない。

だからこそ、そういう事態を防ぐために「大事な指示を忘れてしまってはいけないので、一度メールでやり取りさせてください」と言うとか、何かしらの文書にして共有しておくとかいう対応策が必要になる。

あるいは、怖い凡人とは可能な限り一対一にならないようにして、第三者を交えて話すことも、自分の身を守るために必要だ。これで問題を完全に回避できるとはいいきれないにせよ、少なくとも予防策にはなるはずだ。

「言った、言わない」の問題で深刻な事態になりそうなら、それこそＩＣレコーダーを忍ばせておいて、録音するくらいの覚悟もときには必要かもしれない。大げさだと思われるかもしれないが、怖い凡人の中には、自己保身のために信じられないようなことを平気で言い出す人も少なくないのだから。

そんな上司のせいで退職に追い込まれたとか、異動を命じられたとかいう話を聞くこともある。したがって、自分の身は自分で守るという確固たる信念を持っておくべきだろう。

おわりに

最後に強調しておきたいのは、自分自身がアイヒマンにならないように気をつけなければならないということである。

終身雇用が当たり前だった昭和の時代なら、〝上の人〟に無批判に服従するアイヒマンに徹することによって、少しは甘い汁を吸えたかもしれない。だが、平成の時代に終身雇用は徐々に崩れてきた。そして、令和となった現在、終身雇用を維持するのが無理なことは誰の目にも明らかだ。

何しろ、経団連の中西宏明会長は「終身雇用なんてもう守れないと思っている」と発言したし、日本自動車工業会の会長を務めるトヨタの豊田章男社長も「なかなか終身雇用を守っていくというのは難しい局面に入ってきたのではないかと」と述べた。だから、あなたがアイヒマンになっても、忠誠を求められるだけで、最後まで守ってもらえるわけではない。

それでは、アイヒマンにならないようにするには、どうすればいいのか？　自分の頭で考えることだ。

アーレントが見抜いているように、アイヒマンは〈思考すること〉ができなかった。だからこそ、自分のやっていることがどういう事態をもたらすかに考えが及ばす、あれだけの悪をやってのけたのだ。裏返せば、〈思考すること〉、つまり自分の頭で考えることができれば、アイヒマンにならずにすむということになる。

もっとも、これは簡単なようでいて、なかなか難しい。自分の頭で考えるには、孤独な状態でさまざまな問題と向き合わなければならないからだ。

これは結構つらい作業である。そのため、自分の頭で考えずにすむように、〝上の人〟に無批判に服従し、前例を踏襲する。しかも、こういうアイヒマン的凡人が日本では高く評価されてきた。

逆に、自分の頭で考えて、「それはおかしい」「そういうことはできません」などと言う人は、徹底的に干されてきた。その結果、日本はアイヒマン的凡人だらけの思考停止社会になった。

こういう状況から抜け出すには、ひとりひとりが自分の頭で考えなければならない。今日から誰かにただ従うのではなく、自分の頭で考えて行動する習慣をつけるべきだ。それが結局わが身を守ることにつながるのだから。

本書刊行に際しましては、ワニブックス編集部の大井隆義さんに大変お世話になりました。深謝いたします。

２０１９年５月　片田珠美

主要参考文献

【新聞】

「産経新聞」２０１９年2月5日付、「日本経済新聞」２０１７年12月28日付

【雑誌】

『週刊朝日』２０１８年6月8日号
『週刊新潮』２０１８年6月7日号、8月9日号
『週刊大衆』２０１８年6月18日号、10月8日号
『週刊東洋経済』２０１８年9月29日号
『週刊文春』２０１７年8月10日号、２０１９年5月2／9日ゴールデンウィーク特大号
『週刊ポスト』２０１８年6月1日号
『女性自身』２０１８年6月12日号
『ＦＲＩＤＡＹ』２０１８年6月15日号、２０１８年8月17／24日号

【書籍】

池田信夫『「空気」の構造―日本人はなぜ決められないのか』白水社、2013年
大西康之『東芝―原子力敗戦』文藝春秋、2017年
塩野七生『マキアヴェッリ語録』新潮文庫、1992年
仲正昌樹『悪と全体主義―ハンナ・アーレントから考える』NHK出版新書、2018年
中山元『アレント入門』ちくま新書、2017年
堀江貴文『すべての教育は「洗脳」である―21世紀の脱・学校論』光文社新書、2017年
森田洋司『いじめとは何か』中公新書、2010年
山根明『男 山根「無冠の帝王」半生記』双葉社、2019年
山本七平『「空気」の研究』文春文庫、1983年
ハンナ・アーレント『イェルサレムのアイヒマン』大久保和郎訳　みすず書房、1969年
ハンナ・アレント『責任と判断』ジェローム・コーン編　中山元訳　ちくま学芸文庫、2016年
ハラルト・シュテファン『ヒトラーという男―史上最大のデマゴーグ』滝田毅訳　講談社選書メチエ、1998年
アンナ・フロイト『自我と防衛』外林大作訳　誠信書房、1958年
ジークムント・フロイト「集団心理学と自我の分析」（小此木啓吾訳『フロイト著作集第六巻』人文書院、1970年）

ジークムント・フロイト「精神分析の作業で確認された二、三の性格類型」（中山元訳『ドストエフスキーと父親殺し／不気味なもの』光文社古典新訳文庫、２０１１年）
ベルンハルト・ホルストマン『野戦病院でヒトラーに何があったのか― 闇の二十八日間、催眠治療とその結果』瀬野文教訳　草思社、２０１６年

【ＷＥＢサイトほか】
「朝日新聞デジタル」２０１８年６月１日付、８月３日付、８月７日付、11月８日付、２０１９年２月５日付、２月６日付、２月15日付
「ＡＥＲＡ ｄｏｔ.」２０１９年２月５日配信
「産経ニュース」２０１８年３月13日付、５月22日付、２０１９年１月31日付、２月４日付、２月７日付、２月13日付、２月25日付
「サンケイスポーツ」２０１８年８月９日付
「スポーツ報知」２０１８年11月11日付
「デジタル毎日」２０１８年５月20日付、７月30日付、８月８日付、２０１９年１月28日付、２月２日付、２月６日付

「日経新聞電子版」２０１５年7月20日付

週刊朝日オンライン限定記事（今西憲之「ボクシングの山根会長が大反論１２０分『村田は生意気や。世界のわしがおったから金メダル獲れた』」）２０１８年8月5日付

怖い凡人

著者　片田珠美

2019年6月25日　初版発行

片田珠美（かただ　たまみ）
広島県生まれ。精神科医。大阪大学医学部卒業。京都大学大学院人間・環境学研究科博士課程修了。人間・環境学博士（京都大学）。フランス政府給費留学生としてパリ第8大学精神分析学部でラカン派の精神分析を学ぶ。DEA（専門研究課程修了証書）取得。パリ第8大学博士課程中退。京都大学非常勤講師（2003年度～2016年度）。精神科医として臨床に携わり、臨床経験にもとづいて、犯罪心理や心の病の構造を分析。社会問題にも目を向け、社会の根底に潜む構造的な問題を精神分析的視点から分析。

発行者　横内正昭
編集人　内田克弥
発行所　株式会社ワニブックス
〒150-8482
東京都渋谷区恵比寿4-4-9えびす大黒ビル
電話　03-5449-2711（代表）
03-5449-2716（編集部）

装丁　橘田浩志（アティック）／小口翔平＋永井里実（tobufune）
校正　聚珍社
編集　大井隆義（ワニブックス）

印刷所　凸版印刷株式会社
DTP　株式会社三協美術
製本所　ナショナル製本

定価はカバーに表示してあります。
落丁本・乱丁本は小社管理部宛にお送りください。送料は小社負担にてお取替えいたします。ただし、古書店等で購入したものに関してはお取替えできません。

ISBN 978-4-8470-6627-6
ワニブックスHP　http://www.wani.co.jp/
WANI BOOKOUT　http://www.wanibookout.com/